"十四五"职业教育国家规划教材

会计基础

主　编　卓茂荣　张惠琴
副主编　张琳琳　唐　芳
编　委　雷　蓓　岑　霞

中国石化出版社
HTTP://WWW.SINOPEC-PRESS.COM
中国经济出版社
CHINA ECONOMIC PUBLISHING HOUSE

内 容 提 要

《会计基础》依据《国家中长期教育改革和发展规划纲要(2010-2020年)》的指导精神组织编写而成，共分为十章。第一章主要介绍会计的基本概念。第二章介绍会计要素。第三章介绍复式记账法和借贷记账法的概念和基本内容。第四章介绍主要经济业务的账务处理。第五章介绍会计凭证的概念和种类，以及会计凭证的审核方法。第六章介绍会计账簿的登记规则、依据和方法。第七章介绍企业财产清查的种类和主要的清查方法。第八章介绍企业财务会计报告的概念、分类，以及财务报表的编制方法。第九章介绍会计核算程序的分类及处理程等。第十章介绍相关会计法律法规的基本内容。

本书可作为职业学校财经类专业的基础课教材，也可作为其他专业的选修课教材及相关行业岗位培训或自学用书。

图书在版编目（CIP）数据

会计基础／卓茂荣，张惠琴主编. —北京：中国石化出版社，2020.1（2024.6重印）
ISBN 978-7-5114-5643-4

Ⅰ. ①会… Ⅱ. ①卓…②张… Ⅲ. ①会计学-教材 Ⅳ. ①F230

中国版本图书馆CIP数据核字（2020）第002024号

中国石化出版社出版发行
地址:北京市东城区安定门外大街58号
邮编:100011 电话:(010)57512500
发行部电话:(010)57512575
http://www.sinopec-press.com
E-mail:press@sinopec.com
北京艾普海德印刷有限公司印刷
全国各地新华书店经销
*
787×1092毫米16开本14.75印张341千字
2020年3月第1版 2024年6月第6次印刷
定价：52.00元

前　　言

《会计基础》一书以二十大精神为指导，以最新的《中华人民共和国会计法》《企业会计准则》为准绳，以企业实际发生的会计业务为载体编写而成，系统地介绍了企业会计的基础理论、核算程序、核算方法与核算技巧，可供中等职业学校、高等职业院校的会计、电子商务、物流管理、市场营销、经贸英语等财经类专业教学使用。本教材具有如下三大亮点。

一是任务驱动、理实一体、一书两用。

本教材将《会计基础》与《会计基础实训》融为一体，理实相融，一书两用，满足“教、学、做一体化”的教学需求，方便教师进行课堂教学改革。

本教材精心设计了每一个学习任务，引导学生了解会计的基本概念、基础理论，对现有同类教材中回避的理论问题都给予了明确答案，比如回答了会计准则为什么只提“确认、计量、报告”，却不提“记录”等问题，夯实了学生的理论基础；“初试身手”栏目，提供了业务训练所需的空白凭证、账页和报表，方便学生课堂实训；项目九“会计核算程序”中提供了某企业某1月份完整的会计业务，学生可以直接在教材上进行综合实训，体验完整的记账凭证账务处理流程。

二是图文并茂、资源丰富、易学易教。

本教材提供了200余幅图表，包含大量的单据、记账凭证和账页，另外还配有电子教学课件以及部分章节的微课视频，教学资源相当丰富；内容和体例有适当的调整，如将平行登记和试算平衡的内容从“复式记账”项目调整到“会计账簿”项目，更符合会计逻辑；语言通俗，解释到位，易学易教。

三是激发会计情怀，强化课程思政。

本教材在“任务完成”栏讲述了许多会计专业的教学故事，可读性强，有利于培养学生的专业情怀和道德操守。希望学生在将来就业时，既有独立记账之能力，又有守法立德之精神。

本教材部分图片来自网络，特向原作者表示深深的谢意；本教材在编写过程中得到了福建省晋江职业中专学校会计专业建设委员会、晋江市教育局、福建百宏聚纤科技实业有限公司的大力支持，在此表示感谢！

本教材由卓茂荣、张惠琴任主编。张琳琳、雷蓓、岑霞参与编校工作，书中如有疏漏甚至错误，敬请读者提出宝贵意见，以便再版时加以改正。

编　　者

作者简介

卓茂荣，福建省职教学会财经商贸教学委员会委员，现任职于晋江职业中专学校，潜心会计教学与会计研究二十余载。2004年获得全国中等职业学校会计专业说课比赛一等奖，2005年任《企业财务会计》（葛家澍教授主编）网络课程的脚本负责人，2007年当选晋江市首届“我最喜爱的老师”，2009年与中国台湾第一届教育大家“菁师奖”获得者、宝岛职教名家秦玲美老师同场献课，展示两岸会计教学的新思维、新方法。2009年和2010年，连续两届辅导的学生获得福建省职业院校技能大赛中职组会计技能一等奖；2010年任全国中等职业学校商贸类专业说课比赛评委；2012年随晋江职教代表团与三重工商学校、景文科技大学等中国台湾职业院校进行学术交流；从2010年至今，编写了一系列适用于“项目教学法”、能充分满足“教、学、做一体化”需求的会计专业教材，与读者共享教改成果。共著有《基础会计》《新编商品流通企业会计》《成本会计实务》等教材。

张惠琴，福建省泉州市财经商贸中心教研组副组长，高级讲师，现任职于福建省晋江职业中专学校，在会计专业技能与会计实训领域颇有研究，多次辅导学生获得福建省职业院校技能大赛中职组会计技能一等奖，2011年辅导学生获得全国职业院校技能大赛中职组会计实务（三项）项目的金牌和银牌。从2012年起，与卓茂荣老师联合主编了《新编商品流通企业会计》《成本会计实务》《财务会计》《基础会计》等一系列会计专业教材。

目　录
Contents

项目一
会计基础总论

学习目标

知识目标： 理解领会会计、经济活动、会计事项、会计对象的含义；理解领会会计的基本职能与会计特点，初步了解会计核算的七种方法。

能力目标： 熟悉资金的循环与周转过程，能判断并区分交易与事项，能厘清会计方法与会计核算方法的关系。

思政目标： 熟悉中国会计发展史，了解中国会计数智化趋势，建立文化自信，激发学习会计的兴趣。

子项目1 会计发展史

学习任务

李小样同学成为职业院校会计专业的学生，他接到的第一项学习任务就是了解会计发展史，特别是中国会计发展史，理解近代会计形成的标志和现代会计的开端，并预想会计发展的未来。

知识呈现

会计是服务人类社会生产实践和经济管理的产物。经济越发展，管理越规范，会计就越重要。会计先后经历了古代会计、近代会计和现代会计三个阶段。

一、古代会计发展史

中国是世界四大文明古国之一，中国古代的会计文明也是世界文明的有机组成部分。

图 1-1 结绳法

1. 远古“结绳记事”

在文字产生之前，我国就出现了会计的萌芽，原始部落的首领本人或首领委托的人通过刻竹、堆石、结绳(见图 1-1)等方法对劳动过程、劳动成果、劳动分配进行记录，这时，会计职能只是生产职能的附属职能。

在古印度共同体里，也产生了“农业记账员”，这时会计职能已经从生产职能中分离出来了，成为独立的职能。

2. 西周“月计岁会”

西周是中国奴隶社会高度繁荣的时代，那时就产生了核算官方财赋收支的官职“司会”，最早出现了“会计”一词，西周的会计核算方法是“月计岁会”，即零星算之为计，总合算之为会。

3. 秦汉“单式记账法”

秦汉采用单式会计记账方法，“出”和“入”已成为通用的记账符号。西汉还出现了名为“计簿”或“簿书”的账册，专门用于会计核算。

4. 宋代“四柱清册”

宋代官厅办理钱粮税赋或移交，要通过编制“四柱清册”的平衡公式结算本期财产物资的增减变化及其结果，这是我国会计发展史中的一个重大成就。

四柱清册公式：旧管+新收-开除=实在

其中：旧管相当于现在的期初余额

新收相当于现在的本期收入

开除相当于现在的本期支出

实在相当于现在的期末余额

四柱清册公式和现在的“期初余额+本期收入-本期支出=期末余额”是相同的意思。

宋代还建立了我国历史上第一个独立的会计政府组织——“三司会计司”。

5. 明清“龙门账”和“四脚账”

明清时期，产生了“龙门账”，龙门账有四个会计要素，分别是进、缴、存、该。其中进相当于现在的会计要素收入、缴相当于现在的会计要素费用、存相当于现在的会计要素资产、该相当于现在的会计要素负债。龙门账中的进缴表相当于现在的利润表，龙门账中的存该表相当于现在的资产负债表。

此外，清朝出现了“四脚账”，也称“天地合账”，天地合账的记账方法就是对每一笔账项，既要登“来账”也要登“去账”，以反映同一笔账项的来龙去脉(见图 1-2)。

兹将韦福布庄光绪甲申年荷月初一至廿九日一月来各号在欠、存货与盈余列示于左

来账	布庄资本结在来银	贰
	北方印染场结在来银	贰仟捌
	福山印染场结在来银	壹仟贰
	本期实得利来银	壹佰
	共四条银	陆仟柒佰
去账	白布集结存去银	玖
	花布集结存去银	壹仟捌佰捌
	绸缎集结存去银	捌
	旺发钱庄结存去银	壹仟伍佰叁
	本庄钱柜结存去银	陆佰伍拾
	共五条银	陆仟柒佰陆拾
天地符合		

图 1-2　韦福布庄存除结册

“龙门账”和“四脚账”标志着我国古代会计的记账方法从单式逐渐过渡到复式，计量手段从以实物为主转为以货币为主，奠定了我国古代会计在世界的地位。

二、近代会计发展史

15 世纪前后，地中海沿岸国家随着资本主义经济的兴起和繁荣，迎来了会计发展的黄金时代，1494 年，意大利数家卢卡·巴其阿勒出版了世界上第一部关于复式簿记的专著《算术、几何及比例概要》，这本著作系统介绍了威尼斯的复式记账法。

从单式记账过渡到复式记账是近代会计形成的标志，卢卡·巴其阿勒(见图 1-3)也因这一重大贡献被称为近代会计之父。

图 1-3　卢卡·巴其阿勒

鸦片战争以后，西方的借贷复式账簿被引进到中国，与中

式改良会计同时并存。从清末到中华人民共和国成立这一时期，中国会计以学习西方先进会计理念为主，会计法制化观念得到加强，会计思想空前活跃。

三、现代会计发展史

18 世纪的产业革命促使会计随着生产力的空前发展而发展，服务对象由企业内部扩展到企业外部投资者、债权人和政府部门。二次世界大战以后，成本会计学有了卓著的进步，由于战争导致物资短缺，社会贫穷，人们对物价更为敏感，例如美国三军采购规程详细规定了不许列为国防订货的成本项目以及在任何情况下都可以列为成本的项目，而战后，企业必须加强成本控制，降低售价，才能保持市场竞争优势。

总之，成本会计的出现和不断完善，在此基础上促使管理会计的形成，管理会计又与财务会计相分离，这些便是现代会计的开端。

中国会计随着中华人民共和国的成立逐步走向现代化。在实现中国式现代化的伟大征程中，中国现代会计又迎来了新的挑战和发展良机。国家《会计改革与发展“十四五”规划纲要》（财会[2021]27 号）提出：要将会计的数智化发展作为主要目标，会计要主动与大数据、人工智能、移动互联网、云计算等新技术深度融合。数智化转型将成为财务会计未来的重心。

任务完成

通过学习，李小样知道中国会计在明清之前都领先于世界，但随着资本主义经济的崛起，西方会计发展超越了中国，复式记账成了近代会计形成的标志，现代会计也开端于西方。作为现代中国会计人，复兴中华会计文明，让中国会计人在世界会计数智化转型中挑大梁、当主角，是责任和义务且任重道远。

子项目 2　会计的概述

学习任务

学生进行课前预习，了解会计的定义、特点及基本职能。预习是掌握知识的重要手段，希望学生能养成预习的好习惯。

知识呈现

一、会计的定义

会计是经济管理的重要组成部分，它是以货币计量为基本形式，以合法凭证为依据，运用专门的方法，对经济活动进行核算和监督的一种管理活动。

从会计的定义中我们可以了解到：

(1) 会计的主要特点是以货币计量为基本形式。

(2) 会计的基本职能是核算与监督。

(3) 会计的本质是一种管理活动。

二、会计的基本职能

《中华人民共和国会计法》明确规定，会计的基本职能为会计核算职能和会计监督职能。

1. 会计的核算职能

会计的核算职能也称会计的反映职能，是指会计确认、计量、记录和报告特定主体的经济活动，并向有关方面提供特定主体会计信息的功能。

马克思将核算职能概括为“观念的总结”。

从时间上看，核算职能有事前核算、事中核算和事后核算。

(1) 事前核算的主要形式有预测、计划、参与决策。

(2) 事中核算的主要形式是控制，使会计主体的经济活动符合计划或者预期目标。

(3) 事后核算的主要形式有记账、算账、报账、分析和考核。事后核算是会计的基础工作。

2. 监督职能

会计的监督职能是指会计人员通过会计工作干预会计主体的经济活动，促使会计主体的经济活动遵守国家法律、法规、财经制度以及经济合同、内部计划等，最大限度地确保企业经济活动具有合法性、合理性和有效性的功能。

马克思将监督职能概括为“过程的控制”。

3. 会计核算和会计监督的关系

会计核算是会计监督的基础和依据，会计监督是会计核算的延续和深化，核算与监督相辅相成，两者缺一不可。会计核算的内容、过程及其结果就是会计监督的对象，经过严格监督的会计信息，在企业的经营管理中将发挥重要的积极作用。

三、会计的特点

1. 以货币为主要的计量形式

执行会计职能，必然会使用到实物量度，如吨、米、件、双等，也必然会使用到劳动量度，如小时、标准工时、工作日等，以及货币量度，如人民币、港币、美元等。其中，货币量度是统一的、主要的计量形式。实物量度和劳动量度最后都必须转化为货币量度，才能进行会计核算。

2. 以合法的原始凭证为依据

也就是说，会计用来核算的原始凭证，必须符合法律、法规的规定，满足会计主体内部管理的要求，从内容到格式都要规范。图 1-4 呈现的是北京市增值税专用发票的发票联，该发票有国家税务总局印鉴和开票单位的发票专用章，且各项目填写齐全，准确无误，可以作为采购方进行账务处理的原始凭证。

3. 具有连续性、系统性、全面性和综合性的特点

(1)连续性是指会计对能用货币表现的经济业务要不间断地持续记录。

(2)全面性是指会计对所有的经济业务都要进行核算和监督。

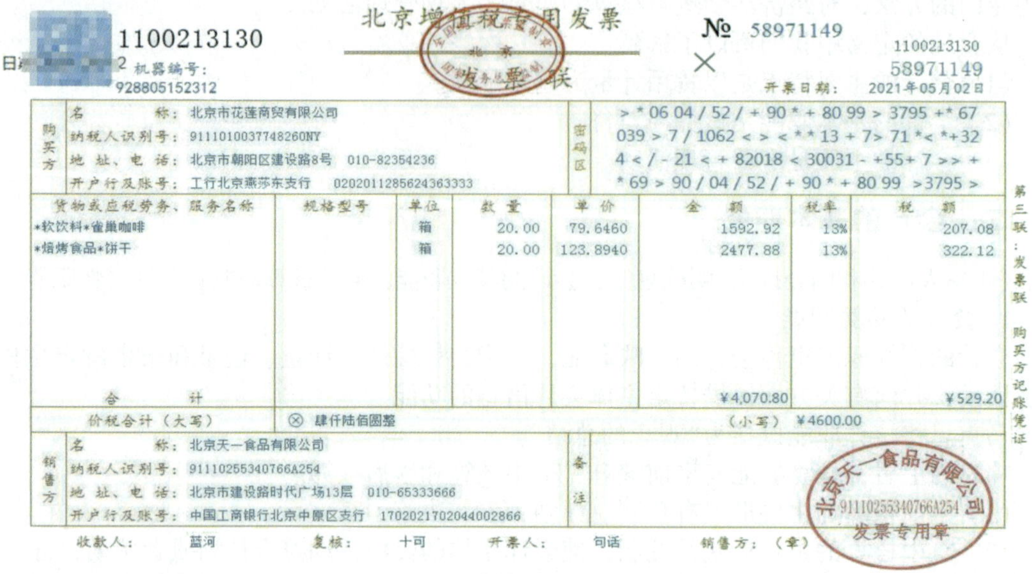
1100213130 北京增值税专用发票 № 58971149
机器编号：928805152312
发票联
1100213130
58971149
开票日期：2021年05月02日

购买方 名称：北京市花莲商贸有限公司
纳税人识别号：9111010037748260NY
地址、电话：北京市朝阳区建设路8号 010-82354236
开户行及账号：工行北京燕莎东支行 0202011285624363333
密码区 >*06 04/52/+90*+80 99>3795+*67 039>7/1062<><**13+7>71*<*+32 4</-21<+82018<30031-+55+7>>+ *69>90/04/52/+90*+80 99>3795>

货物或应税劳务、服务名称	规格型号	单位	数量	单价	金额	税率	税额
*软饮料*雀巢咖啡		箱	20.00	79.6460	1592.92	13%	207.08
*焙烤食品*饼干		箱	20.00	123.8940	2477.88	13%	322.12
合计					¥4,070.80		¥529.20
价税合计（大写）	⊗ 肆仟陆佰圆整				（小写） ¥4600.00		

销售方 名称：北京天一食品有限公司
纳税人识别号：91110255340766A254
地址、电话：北京市建设路时代广场13层 010-65333666
开户行及账号：中国工商银行北京中原区支行 1702021702044002866
备注
收款人：蓝河 复核：十司 开票人：旬话 销售方：（章）
第三联：发票联 购买方记账凭证
北京天一食品有限公司 91110255340766A254 发票专用章

图 1–4　增值税专用发票发票联

(3)系统性与综合性是指按财经法规的规定以及会计主体选择的核算程序，用会计方法定期归类、汇总经济业务，揭示会计主体经济业务的内在联系，反映会计主体的经济总量。常用发票见图 1–5。

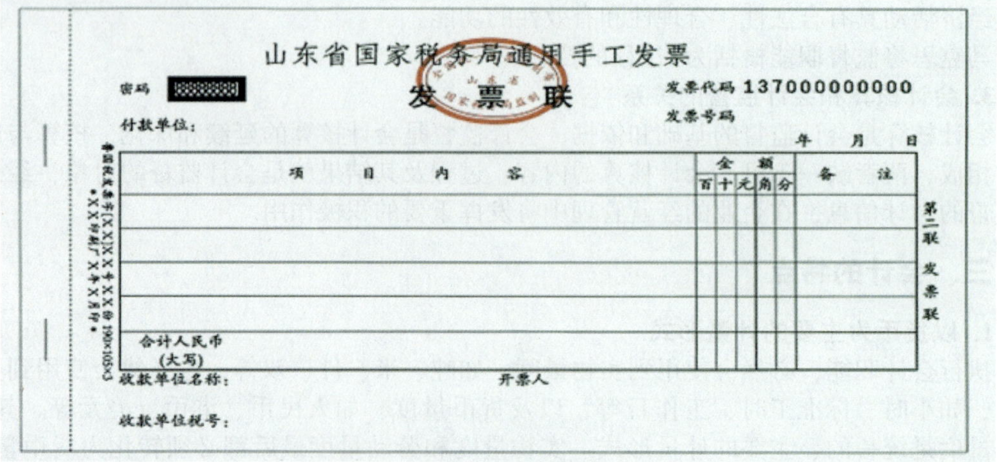
山东省国家税务局通用手工发票
发票联
密码
发票代码 137000000000
发票号码
付款单位：
年 月 日

项目内容	金额 百	十	元	角	分	备注
合计人民币（大写）						

收款单位名称： 开票人
收款单位税号：
第二联 发票联

图 1–5　常用发票

4. 会计具有科学完整的方法体系

任务完成

老师通过检查发现学生都有预习，其中刘历害同学预习情况最好，基本能记下会计的定义、基本职能和本质。但刘历害同学表示，虽然记下了概念但还不能完全理解。老师说：我们将通过本节课的学习和讨论，帮同学们加深对会计含义的理解。但理解会计的含义是一个长期的过程，从学习会计开始，到将来走上工作岗位，你们会随着知识的增多，实践的深入，不断提高对会计的认识。所以，有些学生预习完课文，却不是很理解这些定义、概念也是正常的，不要着急。

子项目3　会计的对象

学习任务

老师课前给学生提供一个案例：今天，A企业总经理在金井美食城的旋转餐厅约见B企业总经理，洽谈一个大项目。两人谈得十分尽兴，约定下周一正式签订合同，约会快结束时，B企业总经理付了就餐费用888元。

请学生预习完本章后回答下列问题：①这是A企业的经济活动吗？②这是B企业的经济活动吗？③A企业的会计需要对它进行核算与监督吗？④B企业的会计需要对它进行核算与监督吗？

知识呈现

会计对象就是会计核算和会计监督的内容，是会计主体的资金运动(也称价值运动)及其产生的经济关系，凡是会计主体能以货币表现的经济活动都是会计对象。

一、资金运动

运作一家企业需要资金，资金来源途径有两个：一是投资人投入；二是向金融机构或其他债权人借入。资金进入企业后，最初是以货币形式存在的，企业用它购建厂房，购买设备，这时货币资金就变成了固定资金。在日常经营中，企业资金随着供应、生产、销售三个过程不断变化形态。

(1)供应过程：企业购买材料、物资，以备生产，这时资金就从货币资金变成储备资金。

(2)生产过程：企业将材料物资投到生产中去，形成在产品，这时储备资金就变成了生产资金，在生产过程中，企业还会用货币支付工人工资，支付一些生产费用如水电费等，这时资金就从货币资金变成了生产资金；生产完工后，验收合格的完工产品转入产成品仓库，这时生产资金就变成了成品资金。

(3)销售过程：企业将合格的产成品出售，货款收存银行，这时成品资金又变回货币资金。

新的货币资金有一部分会以交税、还债、分派利润等方式退出企业，余下的货币资金又开始新一轮循环，资金不断循环就形成资金的周转。

二、经济业务

经济活动是指社会再生产过程中生产、交换、分配、消费等活动。在企业里，经济活动是指企业的生产经营活动，包括供应、生产、销售、分配、消费等环节(见图 1–6)。

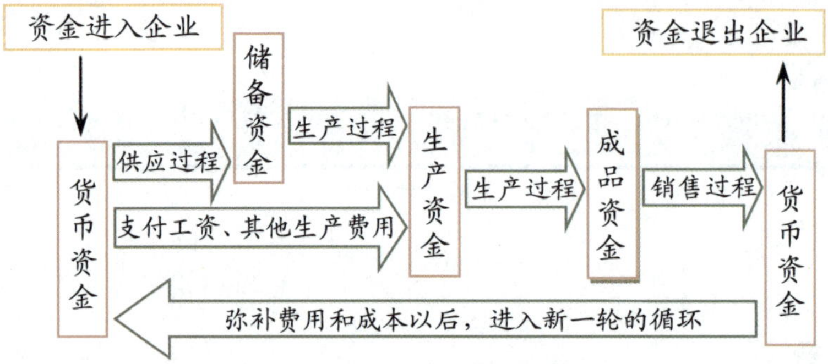

图 1–6　企业资金周转过程图

经济业务是指能用货币表现的经济活动。经济业务也称会计事项，或会计交易或会计事项。

其中，交易是指发生在两个不同会计主体之间的价值转移，如甲企业向乙企业购买材料、丙公司向丁公司销售商品就属于交易；事项是指同一会计主体内部各部门之间资源的转移，如某企业的生产车间向该企业的仓库领用材料。

会计交易或事项，能够使会计主体的资产、负债、所有者权益、收入、费用和利润等会计要素发生增减变化。企业部分经济业务类型及表现形式如图 1–7 所示。

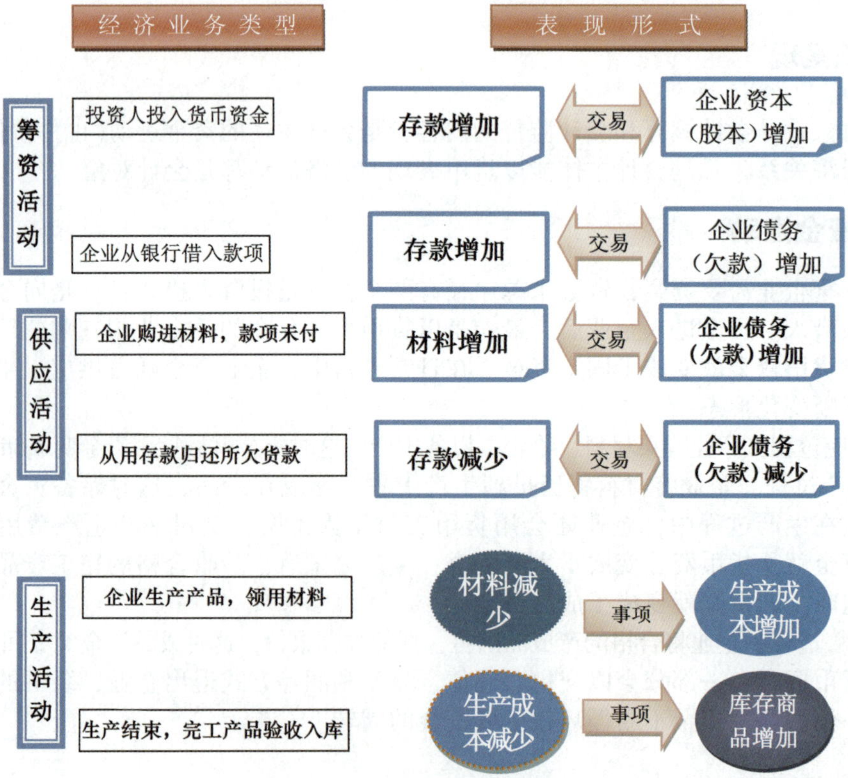

图 1–7　经济业务类型

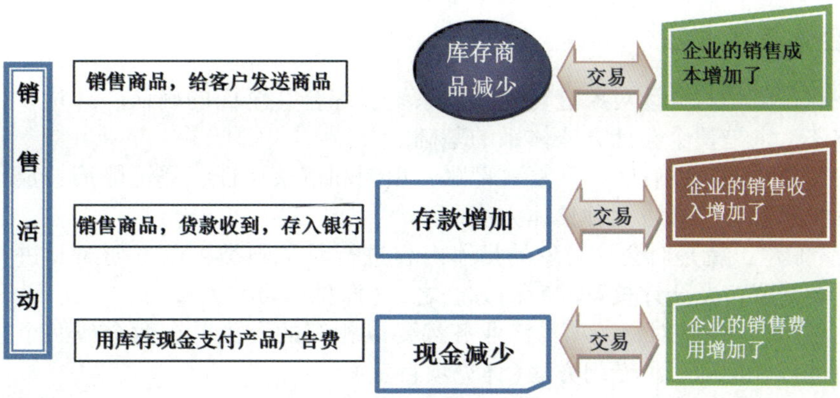

图 1-7 经济业务类型(续)

任务完成

通过预习，多数学生都能完成任务，知道对 A 企业和 B 企业来说，这笔餐费都是一项重要的经济活动，但 A 企业会计不需要对这项经济活动进行核算与监督，B 企业会计则需要对这项经济业务进行核算和监督，对此，张金城同学解释了理由：

对 A 企业而言，由于没有支付餐费，所以这项经济活动就不能以货币计量，会计无须核算和监督；对 B 企业而言，由于支付了餐费 888 元，能以货币计量，所以会计就需要对这项经济活动进行核算与监督。

子项目 4 会计核算方法与会计循环

学习任务

老师要求学生将预习重点放在下列几个概念上：①会计方法、七种具体的会计核算方法；②会计循环；③确认、计量、记录和报告；④记账、算账和报账。

知识呈现

在长期的会计实践中，广大会计工作者传承、创新、发展了一系列实用于会计工作的专门方法，并将其规范化、程序化、科学化。

所谓会计方法，就是处理会计事项，履行会计职能，实现会计目标的方式和手段。会计方法又可细分为会计核算方法、会计分析方法和会计检查方法。

本节重点介绍会计核算方法。

一、会计核算方法

会计核算方法是对会计对象进行连续、系统、综合、全面的确认、计量、记录和报告所采用的方法，它是整个会计方法体系的基础。

会计核算方法包括设置账户、复式记账、填制和审核凭证、登记账簿、成本计算、财产清查和编制财务会计报告七种具体方法。

(1)设置账户，就是对会计对象的具体内容进行科学归类，以方便对其进行系统的核算与监督，设置账户是会计核算的专门方法之一(详见项目二)。

(2)复式记账，就是对每一项经济业务都要以相等的金额，在两个或两个以上相互联系的账户中进行登记的一种专门方法(详见项目三)。

(3)填制和审核会计凭证，就是保证会计信息合法合理、正确完整的重要手段，是会计核算的起点与基础，是会计核算的一种专门方法(详见项目五)。

(4)登记账簿，根据审核无误的会计凭证，运用复式记账的方法，将经济业务序时分类登记到相对应的账簿中。登记账簿是会计核算工作的主要环节(详见项目六)。

(5)成本计算，是将生产过程中发生的各项费用，按一定的成本对象进行归集，以确定各成本计算对象的总成本和单位成本的一种专门方法(详见项目四)。

(6)财产清查，是指通过实地盘点、技术测算盘点、核对往来账目等方法查明会计主体某一时点的财产实有数，以确保账实相符的一种专门方法(详见项目七)。

(7)编制财务会计报告，是定期以书面报告形式，总括反映会计主体的财务状况和经营成果的一种专门方法(详见项目八)。

这七种会计核算方法相互联系，紧密结合，形成了完整、科学的会计方法核算体系，确保了会计工作的有序进行。

二、会计循环

会计循环是指按一定程序反复运行的会计程序。

从工作流程看，会计循环由确认、计量、记录和报告等环节构成，如图1-8所示。

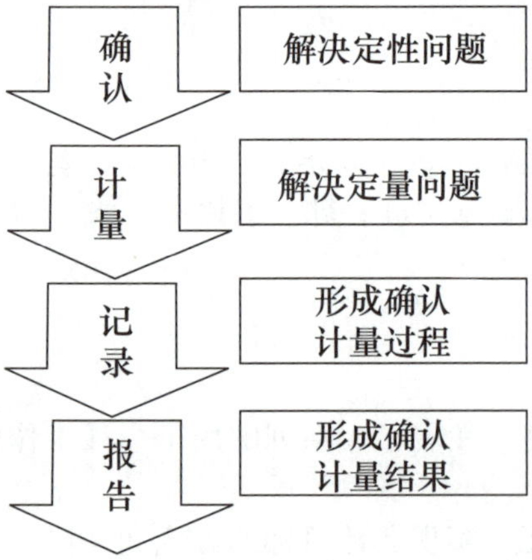

图1-8 会计循环图

说明：会计循环程序有四步，新准则只规范了确认、计量、报告三步，这表明：一是会计准则重点规范对外披露情况(即报告)，不强调记录，但确认与计量直接影响到报告的内容，所以规范了确认、计量和报告；二是当前借贷记账法的记录已经很成熟，不必在准则中具体规范；三是在电算化会计和资本市场的影响下，会计记录的重要性正在降低，但是会计报告的重要性却在不断加强。

从会计核算的具体内容来看，会计循环是由填制和审核会计凭证、设置会计科目和账户、复式记账、登记会计账簿、成本计算、财产清查、编制会计报告等组成的。

填制的审核会计凭证是会计核算的起点，登记账簿是会计核算的中心环节，编制财务会计报告是会计核算的最终环节，它们周而复始，循环不止。如图 1–9 所示。

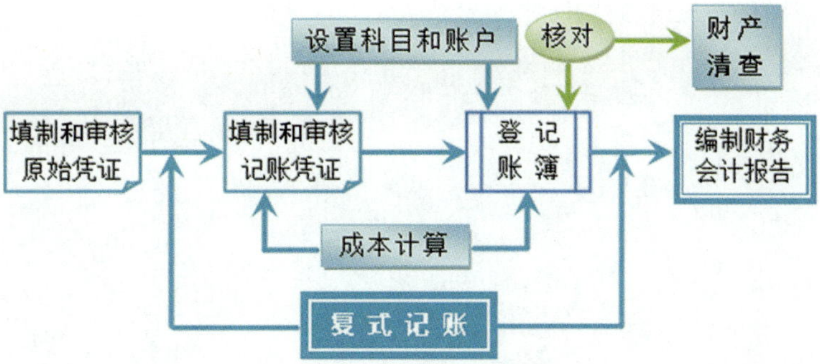

图 1–9　会计核算方法体系

在会计循环过程中，离不开三项基本工作，即记账、算账和报账。

(1)记账是指对特定会计主体的经济业务事项采用一定的方法，在账簿中进行登记，因此登记账簿既是一项会计的基本工作，也是会计核算的专门方法之一。

(2)算账是在记账的基础上，对会计主体在一定时期的收入、费用(成本)、利润以及特定日期的资产、负债和所有者权益进行计算，会计在算成本账时就是成本计算。

(3)报账是指在算账的基础上，对会计主体的财务状况、经营成果和现金流量情况，以会计报表的形式进行报告。

任务完成

通过预习，学生初步了解了会计相关概念，通过课堂听讲和讨论，进一步明确了概念之间的联系与区别。并且掌握：

一个完整的会计循环要经过四个环节，即确认、计量、记录和报告，涉及三项账务活动，即记账、算账、报账，用到七种核算方法，即填制和审核凭证、复式记账、设置会计科目和账户、登记会计账簿、成本计算、财产清查、编制财务会计报告；达成一个会计目标，即为有关各方提供有用的会计信息。

项目二
设置账户

学习目标

知识目标： 了解会计要素、会计科目、会计账户的概念及分类，并领会三者之间的关系。

能力目标： 能按经济性质判断具体会计科目或账户的类别，能为具体的经济业务设置科目或账户。

思政目标： 熟悉设置会计科目的三原则，坚持依法建账，依法做账，坚持社会主义法治思想。

子项目1 会计要素

学习任务

预习课文，在深入了解会计要素的含义及其构成后，将个人家庭当作一个小的会计主体，和爸爸妈妈一起，计算家庭目前为止的资产、负债、家庭权益，计算家庭今年某月的收入、费用和结余(相当于企业利润)。

知识呈现

会计要素是对会计对象进行的基本分类，是会计核算对象的具体化，是会计报表的基本要素，也是设置会计账户的依据。

A企业下月将购入一批材料，已下定金，这批材料现在能确认为企业的资产吗？

我国《企业会计准则》规定的会计要素包括资产、负债、所有者权益、收入、费用和利润六个方面。其中资产、负债、所有者权益为资产负债表的三大会计要素；收入、费用、利润为损益表的三大会计要素。

一、资产

资产是由企业过去交易或事项形成的，由企业拥有或控制，预期会给企业带来利益的经济资源。

1. 资产的特征

(1)企业过去的交易或事项形成的。

(2)企业拥有或控制是指企业享有某项资产的所有权、或虽然不享有某项资产的所有权但企业能够控制该项资产，如企业融资租入固定资产。

(3)预期会给企业带来经济利益是指资产具有直接或间接导致现金和现金等价物持续流入企业的潜力，这是资产的重要特征。如企业的设备可以为企业持续生产产品，完工产品销售出去能给企业带来现金。

2. 资产的确认

任何一项资源要确认为资产，都必须符合资产的定义，并同时满足下列两个条件：

(1)与该资源相关的经济利益很可能会流入企业。

(2)该资源的成本或价值能够可靠地计量。

3. 资产的分类

资产按流动性可以分为流动资产和非流动资产，流动资产变现能力较强，非流动资产变现能力较弱。

流动性是指资产变为现金或者被耗用的难易程度，也称变现能力。变现快则流动性强。

（1）流动资产是指可以在 1 年内（含 1 年）或者超过 1 年的一个正常的营业周期以内变现或被耗用的资产，主要包括货币资金、应收及预付款项、存货等，如表 2–1 所示。

表 2–1 流动资产构成

	类别	具体内容
流动资产	货币资金	库存现金、银行存款、其他货币资金
	应收及预付款项	应收账款、应收票据、预付账款、应收股利、应收利息、其他应收款等
	存 货	原材料、包装物、低值易耗品、在产品、自制半成品、产成品等

（2）非流动资产是指不能在 1 年或超过 1 年的一个营业周期内变现或被耗用的资产，主要包括固定资产、无形资产、长期应收款、长期待摊费用等，如表 2–2 所示。

表 2–2 非流动资产构成

	类别	具体内容
非流动资产	固定资产	房屋及建筑物、机器设备、运输设备
	无形资产	专利权、非专利技术、商标权等
	长期应收款	融资租入固定资产发生的应收款项、采用递延方式收款产生的应收款项
	长期待摊费用	租入固定资产改良支出、开办费等

二、负债

负债是企业过去交易或事项形成的，预期会导致经济利益流出企业的现时义务。债权人享有要求债务人还本付息的权利，但不得参与企业分红，也无经营决策权。

1. 负债的特征

将来发生的交易或事项所形成的义务，不应确认为负债，如预付账款不属于负债。

（1）由过去的交易或事项引起。

（2）企业承担的现时义务。

（3）预期会导致企业的经济利益流出。

履行该义务会导致货币资金流出企业，或存货等其他资产流出企业，多数企业在大多数情况下都会用银行存款归还欠款，也有的企业由于种种原因，会用库存商品甚至厂房、生产设备归还欠款。

2. 负债的确认

任何一项现时义务要确认为负债，都必须符合负债定义，并同时满足下列两个条件：

(1)与现时义务相关的经济利益很可能会流出企业。

(2)将来流出企业的经济利益金额能够可靠地计量。

3. 负债的分类

负债按偿还期的长短可分为流动负债(即短期负债)和非流动负债(即长期负债)。

(1)流动负债，预计在1年内(含1年)或在一个正常的营业周期中予以清偿的债务，主要内容如表2-3所示。

表2-3 流动负债构成

	类别	具体内容
流动负债	融资活动形成的流动负债	短期借款、应付利息
	经营活动形成的流动负债	应付票据、应付账款、预收账款、应付职工薪酬、应交税费、其他应付款等
	收益分配形成的流动负债	应付股利

(2)非流动负债是指偿还期在1年或超过1年的一个营业周期以上的债务，主要有长期借款、长期应付款和应付债券等。

三、所有者权益

所有者权益是企业全部资产扣除全部负债后由所有者享有的剩余权益(即净资产)。公司的所有者权益又称为股东权益。所有者权益的来源及构成如表2-4所示。

表2-4 所有者权益构成

所有者权益	来 源	构 成
	投资者投入资本	实收资本、资本公积
	其他综合收益	由未在当期损益中确认的各项利得和损失组成
	留存收益	盈余公积金、未分配利润

所有者权益一般无须偿还，可供企业长期使用，企业破产时，也要先偿还负债，剩余资产才归所有者。所有者权益的确认和计量主要取决于资产、负债、收入和费用等其他会计要素的确认和计量。

1. 实收资本

实收资本是投资者按照企业章程或合同、协议的约定，实际投入企业的资本。我国实行注册资本制，在投资者足额缴纳资本后，企业的实收资本应该等于企业的注册资本。

投资者投入企业的资本可以是货币资产，如银行存款，也可以是非货币资产，如固定资产，如果投入的是无形资产，应符合国家规定的比例。

所有者投入的资本在企业实收资本总额中所占的比例，是所有者参与企业财务经营决策以及进行利润(或股利)分配的依据。

2. 资本公积

资本公积包括资本(或股本)溢价和其他资本公积等。资本公积不专属于某一投资者，而是由全体投资者共同分享。

直接计入所有者权益的利得和损失，是指不能计入当期损益，会导致所有者权益增减变动，与投入资本或分配利润无关的利得和损失

资本公积不能作为所有者参与财务经营决策以及进行利润(或股利)分配的依据。

3. 盈余公积

盈余公积是指企业从税后利润提取留存于企业内部具有特定用途的收益积累。

4. 未分配利润

未分配利润是指企业实现的净利润，在弥补亏损、提取盈余公积、向所有者分配利润后留存企业的历年结存利润。

未分配利润有两层含义：一是留待以后年度处理的利润；二是未指明用途的利润。未分配利润和盈余公积统称留存收益。

四、收入

收入指企业在日常活动中形成的，会导致所有者权益增加，与所有者投入资本无关的经济利益的总流入。

1. 收入的特征

(1)收入是企业在日常活动中形成的。

日常活动是指企业在工商部门核定的经营范围内所从事的经营活动，如工业企业制造并销售产品，保险公司给客户投保、软件企业为客户开发软件。明确日常活动的界定是为了与利得区分开，利得是企业非日常活动形成的，会导致所有者权益增加，与所有者投入资本无关的利益流入。

(2)收入会导致经济利益的流入。

收入可能表现为资产的增加，如企业的存款增加，也可能表现为负债的减少，如企业以商品抵偿债务，或两者兼而有之。收入还是与投资者投入资本无关的经济利益的总流入。

(3)收入会导致所有者权益增加。

不会导致所有者权益增加的经济利益的流入不能确认为收入。比如向银行借款，虽然也有经济利益流入企业，但并没有增加所有者权益，所以不能确认为收入。

2. 收入的分类

收入按不同的标准会有不同的分类，收入的分类标准及具体内容如表 2-5 所示。

表 2-5 收 入 构 成

	按性质分	接重要性分
收入的分类	销售商品的收入	主营业务收入
	提供工业性劳务的收入	
	提供非工业性劳务的收入	其他业务收入
	让渡资产使用权的收入	

提示：会计要素中的收入不包括营业外收入和代收款项。

五、费用

费用指企业在日常活动中形成，会导致所有者权益减少，与所有者分配利润无关的经济利益的总流出。

1. 费用的特征

（1）费用是企业在日常活动中形成的。

明确日常活动的界定，是为了与损失区分开。损失是企业非日常活动形成的，会导致所有者权益减少，与向所有者分配利润无关的经济利益流出。

（2）费用会导致经济利益的流出。

费用可能表现为资产的减少或者负债的增加，或两者兼而有之。但并不是所有的经济利益流出都属于费用，如企业支付罚款就属于损失而不是费用。

（3）费用的增加会导致所有者权益减少。

所有者权益减少不一定都是费用增加所致，所有者减资退股，向所有者分配利润也会导致所有者权益减少。

2. 费用的分类

费用按照与收入配比关系的不同，可以分为生产费用和期间费用，如表2–6所示。

表2–6　费用构成

费用的分类	生产费用	期间费用
	直接材料	销售费用
	直接人工	管理费用
	制造费用	财务费用

六、利润

利润是企业在一定会计期间的经营成果，利润包括收入减去费用后的净额、直接计入当期利润的利得和损失等。利润的确认和计量依赖于收入、费用、利得、损失的确认与计量。

> 直接计入损益的利得和损失，是指应当计入当期损益，会导致所有者权益增减变动，与投入资本或分配利润无关的利得和损失。

1. 营业利润

营业利润反映企业日常活动的业绩，在数量上等于收入减去费用后的净额，是企业利润的主要构成。

2. 利润总额

利润总额=营业利润+直接计入损益的利得和损失（主要指营业外收支）。

3. 净利润

利润总额减去所得税（如果企业亏损，则不交所得税，利润总额就是净利润）。

任务完成

多数家长对这项任务表示认同，为保护家庭隐私，老师允许学生将家庭实际资产、负债、家庭权益、收入、费用和结余进行同比例缩小或放大后提交，也允许学生完成任务(父母证明)但不提交结果。

某生自愿提供真实的家庭资产负债表简表和利润表简表，如表2-7、表2-8所示。

表2-7 家庭资产负债表简表

时间：2017年9月10日　　单位：万元

资产	银行活期存款	10
	理财产品	30
	自住房一套	68
	投资性房产一套	300
	小车一部	10
	家用电器及家具	10
	其他资产	2
	资产合计	430
负债	投资性房产贷款	200
	负债合计	200
家庭权益		230

表2-8 家庭利润表简表

时间：2017年8月　　单位：元

收入	父母的工资收入	15 000
	房租收入	4 500
	理财产品利息收入	1 125
	合计	20 625
支出	家庭日常生活开支	6 300
	汽车保养使用费	1 200
	孩子注册学习用品、校服等费用	2 000
	房贷当月还款	5 000
	爱心捐款	8 00
	假期一家人开心旅游	13 000
	合计	28 300
家庭结余		-7 675

以该生的作业为案例，进一步讨论分析：在该家庭8月份的收支中，哪些属于日常生活开支，哪些属于非日常生活开支，即利得和损失。

子项目2 会计科目

学习任务

预习本章知识点后，请学生结合所学知识，理清会计对象、会计要素和会计科目三者的关系。

知识呈现

会计科目是为了满足会计确认、计量、记录和报告的需要，根据企业内部会计管理和对外提供会计信息的需要，对会计要素的具体内容进行分类的项目。

一、设置会计科目的意义

会计科目是会计的语言，只有设置了会计科目，编制记帐凭证、登记账簿，编制财务会计报告等会计工作才能依次展开，顺利进行。

二、设置会计科目的原则

会计科目的设置和使用要遵循以下三个原则。

1. 合法性原则

它是指会计科目的设置应当符合国家统一会计制度的规定。比如，企业日常通过出纳收付保管的现金，应设“库存现金”科目进行核算，不能直接用“钱”或“现金”作为科目名。

2. 相关性原则

它是指设置会计科目应有利于为有关各方提供有用的会计信息，满足对外报告与对内管理的需要，如为了满足税务机关的需要，企业要设置“应交税费——应交增值税”“应交税费——应交所得税”等科目。

3. 实用性原则

它是指设置会计科目应符合企业的组织形式、行业特色、自身特点，满足单位实际需要。如股份公司设置“应付股利”反映应付股东利润，非股份公司则设置“应付利润”反映企业应付投资人利润。

三、会计科目的分类

会计科目分类方便确定科目的类别和位置，方便编制记账凭证和登记账簿的工作。

1. 会计科目按所属的会计要素进行分类

会计科目按所属的会计要素进行分类，也可以说是按经济内容进行分类，总共分为六大类，分别是资产类(见表2-9)、负债类(见表2-10)、所有者权益类(见表2-11)、成本类(见表2-12)、损益类(见表2-13)和共同类等。

表2-9　资产类科目

类别	科目名称	含义
流动资产类科目	库存现金	企业存放在财会部门由出纳经管的可随时用于支付的现金限额
	银行存款	企业存入银行或其他金融机构的各种款项
	其他货币资金	除库存现金和银行存款以外的其他各种货币资金
	交易性金融资产	企业为交易目的而持有的债券投资、股票投资和基金投资
	应收票据	企业因出售存货、提供劳务收到、尚未兑现的商业票据
	应收账款	企业因销售存货、提供劳务等，应收取的货款和代垫运杂费
	预付账款	企业按购货合同的规定，预先支付给销货方的款项
	应收股利	因股权投资而应收取的现金股利以及应收其他单位的利润
	应收利息	企业因持有交易性金融资产、持有至到期投资、可供出售的金融资产、发放贷款、拆出资金、购入返售金融资产等应收取的利息
	其他应收款	企业除应收票据、应收账款、预付账款、应收股利、应收利息、长期应收款以外的其他各种应收及暂付款项
	坏账准备	企业对应收款项可能形成的坏账所提取的准备
	材料采购	企业用计划成本进行材料的日常核算，反映材料购入成本
	在途物资	企业用实际成本(进价或售价)进行材料(商品)的日常核算，货款已付但尚未验收入库的在途物资采购成本
	原材料	企业库存的各种材料
	材料成本差异	企业日常核算用计划成本，材料计划成本与实际成本的差额
	库存商品	企业各种库存商品的实际(或计划)成本、进价(或售价)
	委托加工物资	企业委托外单位加工的各种材料、商品等物资的实际成本
	存货跌价准备	企业存货可变现金额低于账面金额所提取的准备
	待处理财产损溢	待处理流动资产净损益(存货、货币资产等非流动资产盈亏)
非流动资产类科目	持有至到期投资	企业持有至到期投资的摊余成本
	可供出售的金融资产	介于交易性金融资产和持有至到期投资之间的金融资产
	长期股权投资	企业采用成本法或权益法核算的长期股权投资
	长期应收款	企业融资租赁或者企业以分期收款方式销售商品、提供劳务产生的应收款项
	固定资产	企业持有固定资产的原值

（续表）

类别	科目名称	含义
非流动资产类科目	累计折旧	企业持有固定资产的历年折旧累计额
	固定资产减值准备	企业对持有固定资产可变现金额低于账面净值所提的准备
	在建工程	企业基建、更新改造工程建设发生的各项支出
	固定资产清理	因出售、报废、毁损、对外投资、非货币性资产交换、债务重组等原因转出的固定资产价值及清理过程发生的费用等
	待处理财产损溢	待处理固定资产净损益(即固定资产盘盈或盘亏)
	无形资产	企业持有专利权、非专利技术、商标权、著作权、土地使用权的成本
	累计摊销	企业对使用寿命有限的无形资产提取的摊销额累计
	无形资产减值准备	企业对无形资产可变现金额低于账面净值所提取的准备
	长期待摊费用	已发生但由本期和以后各期分摊，期限在 1 年以上的各项费用

表 2–10　负 债 类 科 目

类别	科目名称	含义
流动负债类科目	短期借款	还款期限在 1 年或超过 1 年的一个营业周期内的各种借款
	交易性金融负债	企业采用短期获利模式进行融资所形成的负债，属于衍生金融工具。比如应付短期债券等
	应付票据	因采购材料、商品和接受劳务供应而开出并承兑的票据
	应付账款	因购买材料、商品和接受劳务等经营活动应支付的款项
	预收账款	按照购销协定，由企业预先向购货单位收取的款项
	应付职工薪酬	企业因职工提供服务而应给予各种形式的报酬
	应交税费	企业按现行税法规定，应向国家缴纳的各种税费
	应付利息	企业按合同约定应向出借款项方支付的利息
	应付股利	企业按协议规定应该支付给投资人的股利或利润
	其他应付款	企业在商品交易以外发生的应付和暂收款项
非流动负债类科目	长期借款	向银行或其他金融机构借入的还款期限在 1 年或者超过 1 年的一个营业周期以上的各种款项
	应付债券	企业依照法定程序发行的，约定在一定期限(期限超过 1 年)内还本付息的有价证券
	长期应付款	除长期借款和应付债券以外的其他各种长期应付款项，主要有应付补偿贸易引进设备款和应付融资租入固定资产租赁费等
	预计负债	企业根据或有事项等相关准则确认的各项预计负债包括对外提供担保、未决诉讼、产品质量保证等产生的预计负债
	专项应付款	取得的政府向企业所有者投入的具有专门(或特定)用途的款项
	递延所得税负债	企业确认的应纳税暂时性差异产生的所得税负债

表 2-11 所有者权益类科目

科目名称	含义
实收资本	投资者按章程、合同或协议约定，实际投入企业的资本，是企业注册登记法定资本总额的来源，它表明所有者对企业的基本产权关系
资本公积	投资者投入企业的超出其注册资本所占份额，及直接计入所有者权益的利得和损失等，包括资(股)本溢价和直接计入所有者权益的利得和损失
盈余公积	公司按规定从净利润中提取的各种累积资金
本年利润	指企业某个会计年度净利润(或净亏损)，是企业从公历年 1 月 1 日至 12 月月底逐步累计而形成的一个动态指标
利润分配	企业实现的净利润按国家财务制度规定的分配形式、分配顺序，在企业和投资者之间进行分配

表 2-12 成本类科目

科目名称	含义
生产成本	制造产品或提供劳务所产生的各项生产费用，包括直接材料、燃料及动力、直接人工和制造费用等
制造费用	企业生产车间(部门)为生产产品和提供劳务而发生的各项间接费用
劳务成本	企业对外提供劳务发生的成本
研发支出	企业研究与开发无形资产过程中发生的各项支出

表 2-13 损益类科目

类别	科目名称	含义
收入收益类科目	主营业务收入	企业主要经营活动实现的收入，包括销售商品、产品，提供劳务等
	其他业务收入	企业主要经营活动以外的其他经营活动实现的收入，如销售材料、包装物，出租包装物、出租固定资产等
	营业外收入	与企业生产经营活动没有直接关系的各种收入，如接受捐赠等
	投资收益	企业确认的由对外投资所产生的收益或损失
	公允价值变动损益	企业交易性金融资产、交易性金融负债，以公允价值计量的投资性房地产等公允价值变动形成的应计入当期损益的利得或损失
	以前年度损益调整	企业对以前年度重大的多计或少计盈亏数进行调整等，使其不至于影响到本年度的利润总额(本账户不调整当年损益)

（续表）

类别	科目名称	含义
成本费用支出类科目	主营业务成本	销售商品或产品、提供劳务而发生的成本支出
	其他业务成本	销售材料、让渡资产使用权等其他经营活动发生的支出及折损
	税金及附加	企业因各项经营活动发生的消费税、城市维护建设税、资源税和教育费附加等相关税费
	销售费用	企业因销售存货、提供劳务、让渡资产使用权过程中发生的不能计入主营(或其他)业务成本的各项费用
	管理费用	行政管理部门为组织、管理企业生产经营活动而发生的各项费用
	财务费用	企业为筹集生产经营所需资金而发生的筹资费用
	资产减值损失	企业因资产可回收金额低于其账面价值而提取准备产生的损失
	营业外支出	企业发生的与其经营活动无直接关系的各项净支出
	所得税费用	确认并获得税务部门认可的应从当期税前利润扣除的所得税额

2. 会计科目按其所提供信息的详细程度分为总分类科目和明细分类科目

企业可在总分类科目和明细分类科目之间增设二级科目(也称子目)，由一级科目、二级科目、三级科目(也称细目)所形成的会计科目体系(见图2-1)是企业建立账簿、开设账户、组织会计核算工作的架构。

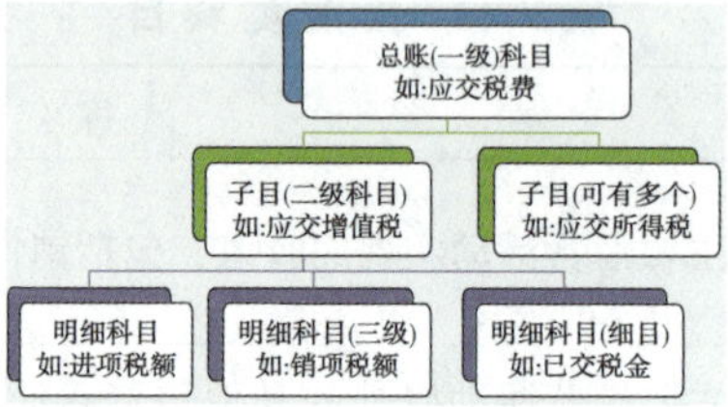

图2-1 会计科目体系

(1)总分类科目也叫总账科目或一级科目，它是对会计要素的具体内容进行总括分类的科目。总分类科目由财政部统一制定，在不违反会计准则确认、计量规定的前提下，企业可根据实际情况自行增设、分拆、合并会计科目。

(2)明细分类科目也称明细科目或细目，总账科目下一般都需要设置明细科目。明细科目有规定设置的如进项税额，也有企业自行设置的如棉布。

(3)只要有利于会计核算与监督，也可在总账科目和明细科目之间增设二级科目，二级科目也称子目，但不是每一个总账科目都需要设二级科目。

任务完成

学完会计科目，再回头复习会计对象、会计要素，既加深了对会计对象、会计要素的理解，也能体会到这三者之间的关系。

会计对象是对资金运动的第一次划分。资金运动包括资金进入企业、资金在企业内部循环周转、资金退出企业；会计要素是对资金运动的第二次划分，是对会计对象的个体内容所做的基本分类，按性质可分成资产、负债、所有者权益、收入、费用和利润六大类；会计科目是对资金运动的第三次划分，是对会计要素的具体内容进行分类的项目。

子项目3 账 户 设 置

学习任务

有一则笑话讲的是，从前有一位会计专业的毕业生到一家小企业任职，这家小企业之前没有会计，现在请了一个会计来，老板要他马上去购买账簿，他却不知道该去哪里购买，就辞职走人了。

听完这个笑话，请学生思考，这个人辞职的真正原因是什么？

知识呈现

账户是根据会计科目开设的，具有一定格式和结构，用于分类反映会计要素增减变动情况及其结果的一种载体。通过账户，可以连续、系统、全面地反映企业由于经济业务引起的会计要素的增减变动及其结果。

一、账户的分类

账户的分类与会计科目的分类相同。

1. 账户按所属的会计要素进行分类

账户按所属的会计要素进行分类，也可以说是按经济内容进行分类，总共分为六大类，分别是资产类、负债类、共同类、所有者权益类、成本类和损益类。

2. 账户按其所提供信息的详细程度分类

账户按其所提供信息的详细程度可分为总分类账户和明细分类账户。

二、账户的结构

由于账户有了结构，所以账户可以提供期初余额、期末余额、本期增加发生额、本期减少发生额四个指标。账户的基本结构包括左方和右方两部分，哪方记增哪方记减，取决于所记录的经济业务及其账户的性质。

一个完整的账户应包括的内容如图 2–2 所示。

账户名称(会计科目)

年		凭证编号	摘　　要	借方金额	贷方金额	借或贷	余额
月	日						

图 2–2　借贷记账法下账户基本结构图

账户中的凭证编号是所登记账凭证的编号，账户中的日期也是所登记账凭证中注明的日期，账户中的摘要也来源于所登记账凭证的摘要。

为了减少工作量，降低差错率，会计将账户格式简单化后形成了“T”字账，然后利用“T”字账先对经济业务进行记录、汇总，试算无误后再将经济业务正式登记入账。

三、会计账户与会计科目的关系

会计账户和会计科目在会计学中是两个不同概念，但在日常实践中，人们通常把会计科目作为账户的同义语。科目与账户联系紧密但有所区别。

1. 会计科目与会计账户的联系

(1)两者内容一致，都是对会计要素进行分类的项目。

(2)性质相同，会计科目的性质决定了账户的性质。

(3)会计科目是账户的名称和设置依据，会计账户是会计科目的具体运用。

2. 会计科目与会计账户的区别

(1)会计科目只有名称，会计账户既有名称又有结构。

(2)会计科目是对经济内容的零散反映，只有零散的发生额。会计账户在对经济内容零散反映的基础上又进行系统梳理，有本期发生额，还有余额。

(3)会计科目为填制记账凭证服务，会计账户为编制财务报表服务。

四、建账与设置账户

新建单位和原有单位在年度开始时，会计人员均应根据核算工作的需要设置账簿，即平常所说的“建账”。如果新建单位的会计人员不知道企业大致要开设哪些账户，就无法建账了。

原有单位在年度开始时，由于账户已经设置，可以直接建账，但也可对今年将要发生的新业务预设账户，并配套相应的账簿。因此设置账户是建账的前提条件。设置账户有整体设置和零星设置两种。

整体设置就是从企业全部经济业务出发，并考虑到会计报表使用者的需要，通盘决定企业要开设哪些账户，如企业刚建立时的初始建账，就属于这种情况。零星设账就是具体经济业务发生时，再根据业务情况设置相应的账户，配套相应的账簿。

企业的账户设置都是整体设置与零星设账相结合的。一旦对某类经济业务设置了相应账户，以后再发生同类经济业务就不再另行设账，会计人员不得重复设账。

任务完成

通过学习，学生知道了这个笑话并不好笑，不知道账簿要去哪里购买的背后，是该学生不知道从企业的实际情况出发，从整体上为企业设置账户，自然就不知道要配哪些账簿了。会计使用的账簿要规范，要交纳印花税，需从财税部门购进，所以账簿也不是可以在市场上随意购买的。

项目三
复式记账

学习目标

知识目标：理解领会复式记账法、借贷记账法、会计等式、会计恒等式、会计分录的含义。

熟悉借贷记账法的记账规则和会计分录三要素。

能力目标：能判断经济业务对会计等式的影响，能掌握会计分录正确的编写格式。

思政目标：将会计等式的平衡理念运用到生活学习中，做到动静平衡、学科平衡、心态平衡。

子项目1 会计等式

学习任务

通过学习，学生能够理解各项会计要素之间的内在联系及其表现形式，并能够掌握各类经济业务对会计基本等式的影响。

知识呈现

会计等式（也称会计平衡公式）是反映会计要素之间数量关系的数学表达式，是设置账户、复式记账、试算平衡和编制会计报表的理论依据。

一、反映资产负债表三大会计要素内在联系的会计等式

创办企业的资金从哪里来，一是投资人投入，形成所有者权益；二是向债权人借入，形成负债。这些进入企业的资金必然以资产的形式存在，资产与权益是同一资金的两个方面，两者在总额上是一种必然相等的关系，可以用公式表述为：

资产=权益

也可以表述成：

资产=负债+所有者权益

其中"资产=负债+所有者权益"被称为会计恒等式、会计基本等式或者会计方程式。

【例3-1】 2019年3月15日，聪聪创办一家名为"绿意"的生态食品加工厂，自己投入资金80万元，向银行借入资金20万元，款项全部存入企业账户。

【分析】 该企业资产与权益的关系可用公式表述为：

100万元资产=20万元负债+80万元所有者权益

二、反映损益表三大会计要素内在联系的会计等式

企业成立后，经营者利用投资人投入的资产和向债权人借入的资产进行持续的生产经营活动，以获得经营收入，同时也必然产生相应的费用，收入减去费用后就是利润，它们之间的数量关系可以用公式表述为：

收入-费用=利润

如果收入>费用，则企业盈利；如果收入<费用，则企业亏损。

【例 3–2】"绿意"生态食品加工厂成立后，经营者用 40 万元购买厂房和设备，余下的 60 万元投入到日常经营中，2019 年当年获得收入 30 万元，发生各项成本费用 35 万元。

【分析】该公司 2019 年收入与费用的关系可用公式表述为：

30 万元收入–35 万元费用=–5 万元(表明该公司 2019 年经营亏损 5 万元)

三、反映六项会计要素内在联系的会计等式

在企业的日常经营中，收入一般表现为资产流入企业或负债减少，最终必然导致企业所有者权益增加；成本费用一般表现为资产流出企业或企业负债增加，最终必然导致所有者权益减少。所以资产负债表的三大会计要素与损益表的三大会计要素是有紧密联系的，它们之间的数量关系可以用公式表述为：

资产=负债+所有者权益+收入–费用=负债+所有者权益+利润

这一公式也被称为扩展的会计等式。

每年度末，企业按照国家财经法规对当年实现的利润进行分配后，企业会计要素又呈现出"资产=负债+所有者权益"这种单一的数量关系。

【例 3–3】每年度末，经会计核算，"绿意"生态食品加工厂在 2019 年年末或 2020 年年初，会计要素间的数量关系可以用公式表述为：95 万元资产=20 万元负债+75 万元所有者权益。

四、经济业务对会计等式的影响

企业无论发生怎样的交易或者事项，都不会破坏会计基本等式的平衡关系。

1. 资产与权益双方同时等额增加

(1)一项资产增加，一项负债等额增加。

【例 3–4】2020 年 1 月，"绿意"生态食品加工厂从国外引进一条智能生产线，全部价款折合人民币共 30 万元(引进设备不考虑增值税)，款项尚未支付。

资　产	=	负　债	+	所有者权益
设备增加 30 万元		欠款增加 30 万元		没有涉及

说明：左边的资产和右边的负债同时增加 30 万元，总额增加了，但不影响平衡关系。

(2)一项资产增加，一项所有者权益等额增加。

【例 3–5】2020 年 2 月，一家投资基金看好"绿意"生态食品加工厂的发展前景，投入资金 50 万元，成为公司的第二大股东，款项已存入企业账户。

资　产	=	负　债	+	所有者权益
存款增加 50 万元		没有涉及		股东权益增加了 50 万元

说明：左边的资产和右边的所有者权益同时增加 50 万元，总额变多，但不影响平衡关系。

2. 资产与权益双方同时等额减少

(1)一项资产减少，一项负债等额减少。

【例3-6】2020年3月，“绿意”生态食品加工厂2016年3月从银行借入的20万元款项已到期，企业用银行存款归还所欠款项。

资　产	=	负　债	+	所有者权益
存款减少20万元		借款减少20万元		不　涉　及

说明：左边的资产和右边的负债同时减少20万元，总额减少了，但不影响平衡关系。

(2)一项资产减少，一项所有者权益等额减少。

【例3-7】2020年4月，经协商，同意聪聪因个人原因减持公司股份10万元，公司已将10万元人民币转入聪聪个人银行账户。

资　产	=	负　债	+	所有者权益
存款减少10万元		不　涉　及		股东权益减少了10万元

说明：左边的资产和右边的所有者权益同时减少10万元，总额减少了，但不影响平衡关系。

3. 资产内部有增有减

【例3-8】2020年4月，“绿意”生态食品加工厂从银行提取现金3 000元，以备零星开支。

资　产	=	负　债	+	所有者权益
现金增加3 000元 存款减少3 000元		不　涉　及		不　涉　及

说明：等式左边，资产一增一减，增减的金额相等，不涉及等式另一边的负债和所有者权益，所以等式继续相等且总额不变。

4. 权益内部有增有减

(1)一项负债增加，另一项负债等额减少。

【例3-9】“绿意”生态食品加工厂5月份开出一张面值1万元的银行承兑汇票抵付上月购买材料所欠款项。

资　产	=	负　债	+	所有者权益
不 涉 及		应付账款减少了1万元 应付票据增加了1万元		不 涉 及

说明：等式右边，负债一增一减，增减的金额相等，不涉及等式左边的资产及等式右边所有者权益，所以等式继续相等且总额不变。

(2)一项所有者权益增加，另一项所有者权益等额减少。

【例3-10】2020年6月，经协商，聪聪转让所持公司股份30万元给投资基金，投资基金成为公司第一大股东，主导公司的发展。相关股份转让的手续已办理完毕。

资　产	=	负　债	+	所有者权益
不涉及		不涉及		聪聪的所有者权益减少 30 万元 投资基金的所有者权益增加 30 万元

说明：等式右边，所有者权益一增一减，增减的金额相等，不涉及等式左边的资产及等式右边的负债，所以等式继续相等且总额不变。

(3)一项负债增加，一项所有者权益等额减少。

【例 3-11】 2020 年 1 月，"绿意"生态食品厂决定向股东发放 2020 年的现金股利人民币 15 万元。(注：决定发放不是实际发放，所以此事项与银行存款、库存现金无关)

资　产	=	负　债	+	所有者权益
不涉及		应付股利增加 15 万元		利润分配减少 15 万元

说明：本事项不影响等式左边的资产项目，属于权益项目中的负债增加、所有者权益减少，且增减的金额相等，所以等式继续相等并且总额不变。

(4)一项所有者权益增加，一项负债等额减少。

【例 3-12】 2020 年 2 月，"绿意"生态食品厂欠甲客户 11.7 万元的材料款，甲客户决定将公司欠款转作对公司的投资，经研究，公司同意甲客户的请求，相关手续已办理完毕。

资　产	=	负　债	+	所有者权益
不涉及		应付账款减少 11.7 万元		甲的所有者权益增加 11.7 万元

说明：本交易不影响等式左边的资产项目，属于权益项目中的所有者权益增加、负债减少，且增减的金额相等，所以等式继续相等且总额不变。

初试身手

请分析下列业务对会计等式的影响：

1. 企业出纳将多余的现金 3 000 元存入银行。
2. 企业以现金发放职工工资 500 000 元。
3. 某创投公司看好企业发展前景，投入资金 60 万元，成为企业的第二大股东，有关款项已存入企业账户，成为股东的手续也已办理完毕。

任务完成

通过学习，同学们基本上理解了会计等式是反映会计要素之间数量关系的数学表达式，是编制会计报表的理论依据，其中"资产=负债+所有者权益"是编制资产负债表的理论依据，是静态等式；"收入-费用=利润"是编制利润表的理论依据，是动态等式；"资产=负债+所有者权益+收入-费用"是扩展的会计等式，也是动态等式。

通过学习，同学们明白了任何经济业务都不会破坏"资产=负债+所有者权益"的平衡关系。

同时，希望同学们能将平衡的思想运用到学习生活中去，做到动静平衡、学科平衡，心态平衡。

子项目2 借贷记账法

学习任务

通过学习，同学们能够理解复式记账法的原理，掌握借贷记账法下的账户结构和借贷记账法的记账规则，能正确编写会计分录。

知识呈现

一、复式记账法

1. 定义

会计要素之间客观存在的恒等关系(即会计等式)就是复式记账法的理论依据。所谓复式记账法就是对发生的每一项经济业务，都要以相等的金额，在两个或两个以上相互联系的账户中进行登记的记账方法，如表3-1所示。

表3-1 单式记账与复式记账对比表

单式记账法	经济业务	复式记账法
"库存现金"账记+"500.00"	销售食品收到500.00元现金(假设不考虑增值税)	"营业收入"账记+"500.00" "库存现金"账记+"500.00"

2. 优点

(1)复式记账法能够全面反映经济业务和资金运转的来龙去脉。

(2)复式记账法使得相关账户之间在数量上产生了相互核对、相互平衡的关系，从而方便发现账户记录的差错和遗漏。

3. 分类

复式记账法按记账符号、记账规则、试算平衡的不同，分为借贷记账法、收付记账法和增减记账法。

我国《企业会计准则》明确规定，企业会计核算必须采用借贷记账法。

二、借贷记账法

1. 定义

借贷记账法是指对每一项经济业务，都要以借贷方相同的金额，在两个或两个以上相互联系的账户中进行登记的一种复式记账法。

2. 账户结构

账户的基本结构分为左方和右方，在借贷记账法下，左方是借方，右方是贷方，但借贷仅仅是记账符号，本身没有特别的含义，哪方记增加，哪方记减少，取决于账户的性质和结构，借贷记账法下各类会计账户的结构如表3–2所示。

表3–2　借贷记账法下各类会计账户结构

账户类别	借方(左方)	贷方(右方)	期末余额
资产类	登记增加	登记减少	如有余额，一般在借方
成本类	登记增加	登记减少	如有余额，一般在借方
负债类	登记减少	登记增加	如有余额，一般在贷方
所有者权益类	登记减少	登记增加	如有余额，一般在贷方
损益类中的收入、收益类	登记减少	登记增加	无余额
损益类中的费用、支出类	登记增加	登记减少	无余额
共同类			余额在借方为资产类账户 余额在贷方为负债类账户

期末余额通用公式为：

期末余额=期初余额+本期增加额–本期减少额

根据账户结构，可将通用的期末余额计算公式转换成各类账户的期末余额计算公式：

资产类、成本类的期末余额=期初借方余额+本期借方发生额–本期贷方发生额

负债类、所有者权益类期末余额=期初贷方余额+本期贷方发生额–本期借方发生额

共同类账户具有双重性质，当期末余额在借方时，其结构与资产类账户相同；当期末余额在贷方时，其结构与负债类相同。

3. 记账规则

有借必有贷，借贷必相等。

4. 会计分录

所谓会计分录就是按借贷记账法的规则，确定某项经济业务涉及的账户名称、记账方向、应记金额的记录(账户名称、借贷方向、应记金额也称被为会计分录三要素)。

(1)简单会计分录是指涉及两个账户的分录，即一借一贷的会计分录。

【例3–13】某企业出纳开出现金支票，从银行提取现金5 000元，以备零用。

涉及账户名称	增减金额	借贷方向
库存现金	增加 5 000 元	资产增(+)记借方
银行存款	减少 5 000 元	资产减(-)记贷方

本交易的会计分录为：

借：库存现金	5 000.00	
贷：银行存款		5 000.00

(2)复合会计分录是指涉及三个或三个以上账户的会计分录。复合会计分录有利于集中反映某项经济业务的全貌，简化记账工作，提高工作效率。

【例 3-14】 某企业购买材料，价款 10 000 元，增值税 1 300 元，材料已经验收入库，价税款暂欠。

涉及账户名称	增减金额	借贷方向
原材料	增加 10 000 元	资产+记借方
应交税费——应交增值税	减少 1 300 元	负债-记借方
应付账款	增加 11 300 元	负债+记贷方

本交易的会计分录为：

借：原材料	10 000.00	
应交税费——应交增值税(进项税额)	1 300.00	
贷：银行存款		11 300.00

复合会计分录又分为一借多贷的分录和一贷多借的分录。一般情况下，不得编制多借多贷的会计分录，但如果某项经济业务较为复杂，需要多借多贷的会计分录才能全面、完整地反映，则可以编制多借多贷的会计分录。

(3)拆分复合会计分录。

一个复合会计分录可以拆成两个或多个简单的会计分录，比如我们可以将【例 3-14】拆成两个简单的会计分录。

第一个会计分录为：

借：原材料	10 000.00	
贷：应付账款		10 000.00

第二个会计分录为：

借：应交税费——应交增值税(进项税额)	1 300.00	
贷：应付账款		1 300.00

初试身手

请根据下列资料编制会计分录：

1. 新生动漫公司通过银行转账支付广告费用200 000元。

2. 新生动漫公司开出一张面值5万元的银行承兑汇票抵付上月买材料所欠款项。

3. 一家投资基金看好新生动漫公司，投资500万元成为新生动漫的第一大股东，有关款项已存入新生动漫的银行存款账户，成为股东的手续也已办理完毕。

（4）对应账户。

每一项经济业务都必须记入两个或两个以上相关账户中，这样账户之间就形成了一定的关联和依存，这种关联和依存体现出来的关系就叫对应关系，也叫应借应贷关系，存在对应关系的账户称为"对应账户"。

例如从银行提取现金，借记"库存现金"，贷记"银行存款"，这样库存现金和银行存款就是有对应关系的账户；又如生产甲产品领用A材料，借记"生产成本"，贷记"原材料"，这样生产成本和原材料就是有对应关系的账户。

任务完成

通过学习，同学们基本上理解了复式记账的原理，掌握了借贷记账法下的账户结构和借贷记账法的记账规则，并能够正确编写会计分录。

会计分录正确的书写格式：

1. 先借后贷，借字和贷字后面要加冒号。

2. 上借下贷，左右错开，贷方的文字和数字要比借方后退两格。

3. 在复合会计分录中，借方或者贷方的文字及金额要各自对齐。

在实际工作中，会计分录是通过填制记账凭证来完成的，本书将在"填制和审核凭证"项目中作详细描述。

项目四
主要经济业务的账务处理

学习目标

知识目标： 了解主要经济业务所涉及账户的用途和结构，领会主要经济业务所涉及的概念如材料采购、制造费用、期间费用、利润分配等的含义和内容。

能力目标： 能正确计算材料采购成本、分配制造费用并计算简单的完工产品成本，能计算已销商品成本、营业利润、利润总额、所得税费用、净利润等，能掌握借贷记账法下主要经济业务的账务处理。

思政目标： 企业应坚持低碳生产，降低成本又做好品质，并正确处理职工权益、税收与企业利润的关系。

子项目 1　资金筹集业务

学习任务

通过学习，学生们能为筹集资金业务设置账户，编制会计分录，能将筹集资金的会计分录从具体业务中剥离，形成一个适用于任何企业筹资业务的基本会计分录集。

知识准备

企业生产经营资金的主要来源有两个：一个是投资者投入，形成所有者权益，也称权益资本；另一个是从债权人处借入，形成负债，也称债务资本。

一、所有者权益筹资业务

投资者投入企业的资本也是企业在工商行政管理部门注册登记的资本金，在资本分期缴纳的情况下，企业实收资本在某个时段可能小于注册资本，但最终应与注册资本一致。实收资本可供企业长期使用，一般情况下无须偿还。

1. 企业投资者

企业投资者来源广泛，包括了政府机构、法人单位、自然人、中国港澳台地区居民、外国企业、外国居民等。

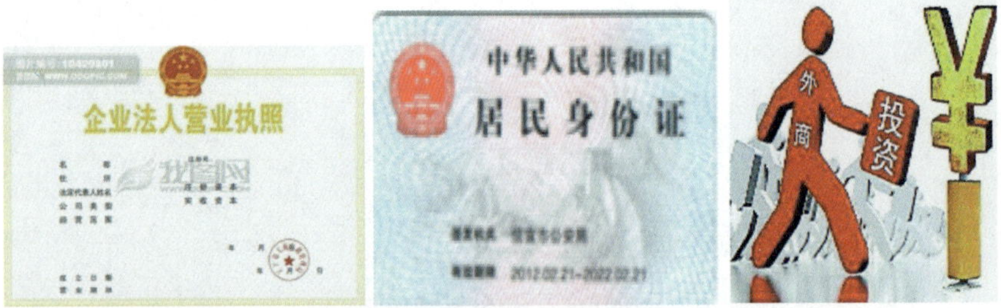

法人单位　　　　个人　　　　外商

图 4－1　法人单位、自然人、外商等部分投资者的证件或标识

2. 投资方式

投资方式主要有货币资金、存货、固定资产以及无形资产等。无论采用哪种投资方式，都要以合同或协议的约定为依据。

3. 账户设置

(1)实收资本(或股本)。

所有者权益类账户，用来核算投资者投入企业的资本。

借方　　实收资本(借-贷+)	贷方
★按法定程序减少的资本	★企业实际收到投资人依法投入的资本
	★企业在期末实有的资本数额

本账户按投资人设置明细账，进行明细分类核算。

(2)资本公积。

所有者权益类账户用来核算投资人超出其注册资本(或股本)所占份额的资金投入及直接计入所有者权益的利得和损失。资本公积可用来转增资本，但不得用来弥补亏损。实收资本应具体到每一位投资者，资本公积则归属于全体投资者。

借方　　资本公积(借-贷+)	贷方
★按规定转增注册资本的数额 ★直接计入所有者权益的损失	★收到的资本(或股本)溢价数额 ★直接计入所有者权益的利得
	★企业在期末实有的资本公积金数额

本账户按来源的不同，设“资本溢价”“其他资本公积金”，进行明细分类核算。

(3)应交税费——应交增值税。

负债类账户，用来核算企业本期发生的增值税业务。

借方　　应交税费——应交增值税(借-贷+)	贷方
★企业以购买、接受投资、受捐等方式增加存货、设备等产生的进项税额 ★实际缴交当期增值税(销项-进项) ★转出当月未交增值税	★销售商品时，向购货方收取的增值税 ★转出当月多交的增值税

转出当月未交或多交的增值税后，该账户期末无余额。

本账户的三级明细账主要有“进项税额”“销项税额”“已交税金”“转出未交增值税”和“转出多交增值税”等。

4. 具体业务

【例4-1】 2019年5月1日，福建著成服饰有限公司收到海丝投资股份有限公司投入的人民币2 260 000元。按合同规定，海丝投资股份有限公司拥有公司2 260 000元的资本份额。

本项交易的会计分录编制如下：

借：银行存款(资产 +)　　2 260 000.00
　　贷：实收资本——海丝投资股份有限公司(所有者权益+)　　2 260 000.00

【例 4–2】 2019 年 5 月 2 日，投资者甲投给著成服饰有限公司一台设备，增值税票显示设备的购买价为 1 000 000 元，进项税额 130 000 元。按规定甲拥有公司 1 130 000 元的资本份额。

本项交易的会计分录编制如下：

借：固定资产(资产 +)　　1 000 000.00
　　应交税费——应交增值税(进项税额)(负债 –)　　130 000.00
　　贷：实收资本(所有者权益+)　　1 130 000. 00

【例 4–3】 2019 年 5 月 3 日，福建著成服饰有限公司收到丙投资人投入的非专利技术一项，经协商，该非专利技术作价 1 500 000 元，丙投资人可拥有公司 1 170 000 元的资本份额。

本项交易的会计分录编制如下：

借：无形资产(资产 +)　　1 500 000.00
　　贷：实收资本——丙投资者(所有者权益+)　　1 170 000. 00
　　　　资本公积(所有者权益 +)　　330 000.00

初试身手

海洋食品有限公司 2019 年 5 月份发生下列业务：

1. 收到 A 企业投入的人民币 50 万元，结协商，A 企业可拥有本公司 40 万元的资本份额。
2. B 企业投入一批材料，增值税专用发票显示，金额 40 万元，增值税 5. 2 万元。
3. 本公司依法将公司的资本公积 132 000 元转为公司资本。
4. 本公司第二大股东依法减持公司股份 80 万元，款项已从公司账户转到其个人账户。

二、负债筹资业务

负债筹资的形式主要有短期借款、长期借款以及在结算过程中形成的负债。

1. 账户设置

(1)短期借款。

负债类账户，用来核算从银行或从其他金融机构借入、偿还期限在 1 年(含 1 年)以内的各种款项。

借方　　短期借款(借–贷+)	贷方
★归还的短期借款本金	★增加的短期借款本金
	★企业期末尚未归还的短期借款本金

本账户按借款种类、贷款人和币种设置明细账，进行明细分类核算。

(2)长期借款。

负债类账户，用来核算企业借入的期限在1年(不含1年)以上的各种款项。

借方	长期借款(借-贷+) 贷方
★归还的长期借款本金	★增加的长期借款本金
	★企业在期末尚未归还的长期借款本金

本账户可按贷款单位和贷款种类，分“本金”和“利息调整”等进行明细分类核算。

(3)应付利息。

负债类账户，用来核算企业按合同规定应支付的利息。

借方	应付利息(借-贷+) 贷方
★支付利息	★按合同利率确定的应付未付利息
	★期末应付但尚未支付的利息

本账户可按存款人或债权人进行明细分类核算。

(4)财务费用。

损益类账户，用来核算企业因生产经营需要而筹集负债资金发生的各项筹资费用。

借方	财务费用(借+贷-) 贷方
★利息、汇兑损益、金融手续费	★利息收入、现金折扣收入
★现金折扣支出	★转入本年利润的数额

转入本年利润后，本账户期末无余额；本账户按费用项目进行明细分类核算。

2. 具体业务

【例4-4】 2019年4月29日，著成服饰从工商银行借入为期6个月，年利率为4.8%的款项500 000元，有关款项已存入公司账户。

本项交易编制会计分录如下：

借：银行存款(资产 +)	500 000.00
贷：短期借款(负债 +)	500 000.00

【例4-5】 2019年5月30日，提取本月应付短期借款利息(按月预提，按季支付)。

本项事项编制会计分录如下：

借：财务费用(费用 +)	2 000.00
贷：应付利息(负债 +)	2 000.00

每月应提取利息＝500 000.00×4.8% ÷12＝2 000.00(元)

【例4-6】 2019年6月30日，支付本季短期借款利息4 000.00元。

本项交易编制会计分录如下：(5月利息已提记应付利息、6月利息未提记财务费用)

借：应付利息(负债 -)　　2 000.00
　　财务费用(费用 +)　　2 000.00
　　贷：银行存款(资产 -)　　4 000.00

初试身手

海洋食品有限公司2019年2月发生下列业务：

1. 开出支票归还短期借款本息，其中本金300 000.00元、利息3 600.00元。(说明：3 600.00元为一个季度利息，前2个月已经提取，第三个月尚未提取)

2. 向银行借入为期3年的款项1 000 000.00元，款项已存入企业的银行账户。

3. 企业存款利息800元，银行已将其转入企业账户。

任务完成

通过认真的学习，并在老师的指点下，多数学生都能归纳出筹集资金业务的基本会计分录集，其中，丁秀秀学生归纳得最好，现展示如下：

一、所有者权益筹资业务(以非股份有限公司为例)

1. 企业接受现金资产投资

借：银行存款　　(实收款项)
　　贷：实收资本　　(合同约定的资本金数额)
　　　　资本公积　　(超出资本金的数额)

2. 企业接受非现金资产投资

借：原材料　　(评估价或购买价)
　　固定资产　　(评估价或购买价)
　　无形资产　　(评估价或购买价)
　　应交税费—应交增值税(进项税额)　　(增值税票注明的税款，无税票不得抵扣)
　　贷：实收资本　　(合同约定的资本金数额)
　　　　资本公积　　(超出资本金的数额)

3. 依法定程序减少企业注册资本

借：实收资本——某投资者
　　贷：银行存款(或者其他科目)

4. 资本公积依法定程序转增资本

借：资本公积
　　贷：实收资本——某投资者

二、负债筹资业务

1. 借入款项(按期限的长短，决定是使用短期借款还是长期借款)

借：银行存款
　　贷：短期借款(或者长期借款)

2. 对因日常生产经营使用需要所借入的本金提取利息

借：财务费用
　　贷：应付利息

3. 归还利息

借：财务费用(尚未提取)
　　应付利息(已经提取)
　　贷：银行存款

4. 归还本金

借：短期借款(或长期借款)
　　贷：银行存款

说明：当还本与付息同时进行时，则可将第 3 项和第 4 项的会计分录合并编制。

5. 企业存在银行里的款项，收到银行转来的利息

借：银行存款
　　贷：财务费用

子项目 2　固定资产业务

学习任务

通过学习，同学们能为固定资产业务设置账户，编制会计分录，并能将固定资产业务的会计分录从具体业务中剥离出来，形成一个适用于任何企业固定资产业务的基本分录集。

知识准备

固定资产是指为生产商品、提供劳务、经营管理或出租而持有的，使用寿命超过一个

会计年度的有形资产。

一、固定资产购建业务

企业固定资产增加的形式有很多种，包括企业自己购建、接受投资人投入、接受捐赠、盘盈等，但最主要的形式还是购建。

1. 固定资产原值

固定资产的原值也就是固定资产的原始购建成本，是指购建某项固定资产，从购建开始到预定可使用状态前所发生的一切必要的合理支出，包括买价及运输费、安装费、关税（不含增值税）等相关税费，也称固定资产的历史成本。

2. 账户设置

固定资产属资产类账户，用来核算企业持有固定资产的原始价值。

借方　　　　固定资产（借+贷-）	贷方
★企业增加的固定资产的原始价值	★企业减少的固定资产的原始价值
★期末余额：企业期末持有固定资产的原值	

本账户可按固定资产的类别和项目设置明细账，进行明细分类核算。

3. 具体业务

【例 4–7】 2019 年 5 月 10 日，著成服饰向厦门国贸集团购进一条全自动服装生产线，增值税专用发票显示该设备买价 200 000 元，增值税进项税额 26 000 元，价税款已转账付讫。合同规定：运费和安装费等均由厦门国贸承担，著成服饰承担厦门国贸技术员在公司服务期间的服务费用 3 000 元，技术员将设备安装好，公司验收合格后，以现金支付服务费用。

本项交易编制会计分录如下：

借：固定资产（资产 +）	203 000. 00	
应交税费——应交增值税（进项税额）（负债 -）	26 000. 00	
贷：银行存款（资产 -）		226 000. 00
库存现金（资产 -）		3 000. 00

初试身手

某食品公司 2019 年 2 月进口一条全自动食品生产线，购买价折合人民币 250 000. 00 元，进口关税折合人民币 50 000. 00 元，通过海关缴纳增值税人民币 39 000. 00 元，支付运输费、安装费等费用共计人民币 20 000. 00 元，有关款项均通过银行转账支付。

二、固定资产折旧业务

固定资产在使用过程中，其价值会因为有形磨损和无形磨损而转移到有关成本费用中，并从企业的收入中得到补偿，这部分逐渐转移的价值，称为固定资产折旧。

1. 固定资产提取折旧的方法

固定资产折旧的方法有平均年限法、工作量法、双倍余额递减法、年数总和法等。

2. 账户设置

(1)累计折旧。

资产类账户，属于固定资产的备抵账户。(固定资产净值=固定资产原值-累计折旧)

借方　　　　累计折旧(借-贷+)	贷方
★减少固定资产转出的折旧额	★按月提取的固定资产折旧额
	★期末余额：期末固定资产累计折旧额

本账户可按固定资产的类别和项目进行明细分类核算。

3. 具体业务

【例4-8】2019年5月，某服装厂提取固定资产折旧，其中，公司管理部门使用的固定资产应提折旧3 800.00元，生产部门使用的固定资产应提折旧8 000元，专设销售机构固定资产应提折旧3 200元。

本项事项编制会计分录如下：

借：管理费用(费用+)	3 800.00
制造费用(成本+)	8 000.00
销售费用(费用+)	3 200.00
贷：累计折旧(折旧+)	15 000.00

【例4-9】某服装厂2019年4月转账支付设备的零星维修费用1 200元，增值税进项税额156.00元。其中维修生产设备600.00元，维修企业行政部门设备400.00元，维修专设销售机构设备200.00元。

本项交易编制会计分录如下：

借：制造费用(费用+)	600.00
管理费用(费用+)	400.00
销售费用(费用+)	200.00
应交税费—应交增值税(进项税额)(负债-)	156.00
贷：库存现金(资产-)	1 356.00

固定资产在使用过程中需要维修，大中型修理的核算在《财务会计》一书中有详细描述，日常小修理中，生产部门的固定资产修理费都记入“制造费用”账户，管理部门的固定资产修理费都记入“管理费用”账户，专设销售机构的固定资产修理费则记入“销售费用”账户。

三、固定资产减少业务

固定资产由于出售、报废、损毁、对外投资等原因造成的减少，固定资产盘亏的核算在

"财产清查"项目中有详细描述，故此处略过。

任务完成

通过认真的学习，在老师的指点下，多数同学都能归纳出固定资产业务的基本会计分录集，其中曾平衡同学归纳得最好，现展示如下：

一、固定资产增加的核算

借：固定资产（购建成本或评估价）
　　应交税费——应交增值税——进项税额(以增值税票为准，无税票不得抵扣)
　　贷：实收资本
　　　　银行存款

二、提取固定资产折旧

借：管理费用（公司行政部门固定资产折旧）
　　制造费用（生产部门固定资产折旧）
　　销售费用（专设销售机构固定资产折旧）
　　贷：累计折旧

三、固定资产日常小修理

借：制造费用(生产部门的固定资产修理费)
　　管理费用（行政管理部门的固定资产修理费）
　　销售费用（专设销售机构的固定资产修理费）
　　应交税费——应交增值税(进项税额)
　　贷：银行存款等科目

子项目 3　材料采购业务

学习任务

通过学习，同学们能为材料采购业务设置账户，编制会计分录，能将材料采购业务的会计分录从具体业务中剥离出来，形成一个适用于任何企业材料采购业务的基本会计分录集。

知识准备

材料采购业务是指企业材料从采购到验收入库，全过程中发生的各项业务。

一、材料采购成本的计算

1. 材料采购成本的构成

材料的单位采购成本关系式如下：

材料的单位采购成本 = 材料采购总成本 ÷ 验收入库的数量

材料采购成本的构成如图 4-2 所示。

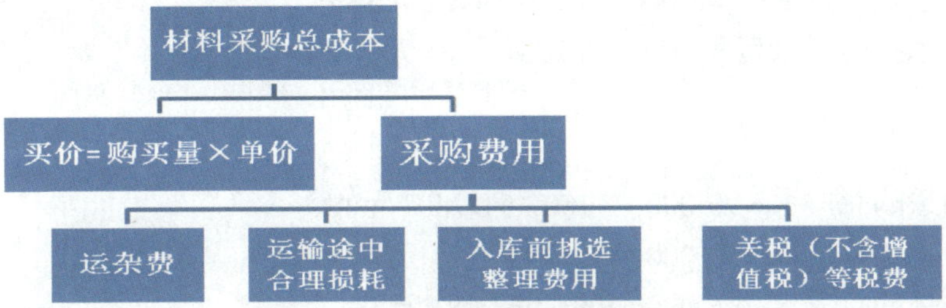

图 4-2　材料采购成本的构成

【例 4-10】 2019 年 5 月，某食品厂从泰国进口大米 5 000 斤，每斤进价折合人民币 5 元，在海关缴纳进口关税人民币 5 000 元，海关代征增值税进项税额人民币 3 900 元，从海关将大米运到企业，支付运费 969 元，运费的增值税 87.21 元，验收入库时，大米只有 4 995斤，其中 5 斤大米为运输途中合理损耗。泰国大米的采购总成本和单位成本计算如下：

泰国大米的总成本 = 5 000×5 +5 000+ 969 =30 969（元）
泰国大米的单位成本 = 30 969÷4 995 = 6.2（元/斤）

说明：合理损耗并不是一笔新增的费用，损耗合理，数量要从总量中扣除，但损耗的金额却不从总成本中扣除，如果损耗不合理，则数量要从总量中扣除，损耗的金额也要从总成本中扣除。

2. 采购费用的分配

某种材料单独发生的采购费用，直接计入该材料的采购成本，几种材料共同发生的采购费用，用一定的分配标准，得出各种材料应承担的采购费用，并计入各自的材料采购成本。

（1）共同采购费用的分配率 = 采购费用总额÷各种材料分配标准的总和。

（2）某种材料应负担的采购费用 = 该种材料的分配标准×采购费用分配率。

说明：分配标准可以是材料的重量、买价、体积等。

【例 4-11】 2019 年 10 月 10 日，某服装厂从某织布厂购入甲布料 5 000 码，每码 18 元；乙布料 2 000 码，每码 25 元；丙布料 3 000 码，每码进价 32 元，增值税税率为13%。三种布料运杂费为 2 360 元，增值税税率为 9%，若无其他采购费用，请分别计算甲、乙、丙的材料采购成本。

第一步：计算各种布料的总进价。

甲布料总进价=5 000×18=90 000(元)
乙布料总进价=2 000×25=50 000(元)
丙布料总进价=3 000×32=96 000(元)

第二步：计算各种布料应承担的运杂费(假设以码数为分配标准)。

运费的分配率=2 360÷(5 000 +2 000 +3000)= 0. 236(元/码)
甲布料应承担的运杂费=5 000×0. 236=1 180(元)
乙布料应承担的运杂费=2 000×0. 236=472(元)
丙布料应承担的运杂费=3 000×0. 236=708(元)

第三步：计算各种布料的采购总成本。

甲布料的采购总成本=90 000+1 180=91 180(元)
乙布料的采购总成本=50 000+472=50 472(元)
丙布料的采购总成本=96 000+708=96 708(元)

第四步：计算各种布料的单位采购成本。

甲布料的单位采购成本=91 180÷5 000=18. 236(元/码)
乙布料的单位采购成本=50472÷2 000=25. 236(元/码)
丙布料的单位采购成本=96708÷3 000=32. 236(元/码)

说明：对一般纳税人来说，材料采购成本与增值税无关；金额一般保留到小数点后二位，但对于分配率、单位成本、比率等指标一般保留到小数点后面四位，若除得尽，可全部保留。

初试身手

假设【例 4-11】中以买价作为采购费用的分配标准，请分配共同的采购费用，并计算甲布料、乙布料和丙布料各自应承担的采购费用，最后，分别计算甲布料、乙布料、丙布料的采购总成本和单位采购成本。

二、材料采购的账务处理

1. 账户设置

(1)在途物资。资产类账户用来核算实际成本下货款已付尚未入库的在途物资的采购成本。

借方	在途物资(借+贷-)	贷方
★已采购但尚未入库物资的实际成本		★验收入库的在途物资实际成本
★期末余额：尚未验收入库的在途物资成本		

本账户可以按供应单位或材料物资的种类设置明细账，进行明细分类核算。

(2)原材料。资产类账户，用来核算企业各种库存材料包括原料及主要材料、辅助材料、包装材料、燃料等的采购成本。

借方	原材料(借+贷-)	贷方
★验收入库材料的成本		★发出材料的成本
★期末余额：库存材料的成本		

本账户可按材料的类别、品种、规格或保管地点设置明细账，进行明细分类核算。

(3)应交税费——应交增值税[见本项目的子项目1的账户设置(3)]。采购材料、设备等，企业向供货方付款的同时还要付相应的增值税款，这就是进项税额，应记入“应交税费——应交增值税”账户的借方，作为计算当期应交增值税的抵扣项目。

(4)应付账款。

负债类账户，用来核算在购进材料、商品等存货以及接受劳务等经营活动过程中发生的应付款项。

借方	应付账款(借-贷+)	贷方
★偿还应付款		★企业购买材料、接受劳务尚未支付的款项
		★期末：尚未支付的应付账款余额

本账户一般按债权人设置明细账户，进行明细分类核算。

(5)应付票据。

负债类账户，用来核算因购进材料、商品等存货以及接受劳务等经营活动而开出的承兑商业汇票，包括银行承兑汇票和商业承兑汇票。

借方	应付票据(借-贷+)	贷方
★已经支付的商业汇票 ★到期无力支付，转入应付账款的商业汇票		★开出、承兑的商业汇票
		★期末：尚未到期的商业汇票的票面金额

本账户一般按债权人设明细账户，进行明细分类核算。

(6)预付账款。

“预付账款”是资产类账户，企业用来核算按合同规定，预先支付的购货款项，预付款不多的企业，也可以不设本账户，将预付款项直接记入“应付账款”账户。

借方	预付账款(借+贷-) 贷方
★按合同规定，预先支付的购货款	★收到货物时，充抵货款的预付款
★期末余额：已付尚未充抵贷款的预付款项	★期末余额：预付款不足，需补付的货款

本账户一般按供货单位设置明细账，进行明细分类核算。

2. 具体业务

【例4-12】 2019年10月，某食品厂从泰国进口5 000斤大米，每斤进价折合人民币5元，缴纳进口关税人民币5 000元，海关代征增值税人民币3 900元，上述价税款已转账支付。

本项交易编制会计分录如下：

借：在途物资(资产+)	30 000.00
应交税费——应交增值税(进项税额)(负债-)	3 900.00
贷：银行存款(资产-)	33 900.00

【例4-13】 从海关将大米运到企业，以库存现金支付运费969元，运费的增值税87.21元。

本项交易编制会计分录如下：

借：在途物资(资产 +)	969.00
应交税费——应交增值税(进项税额)(负债 -)	87.21
贷：库存现金(资产 -)	1 056.21

【例4-14】 验收入库时，大米只有4 995斤，其中5斤为运输途中合理损耗。

本项交易编制会计分录如下(大米采购总成本和单位成本在【例4-10】已有详细计算)：

借：原材料——大米(资产 +)	30 969.00
贷：在途物资(资产 -)	30 969.00

【例4-15】 晋江市著成服饰股份有限公司从江苏常熟织布厂购进锦棉布20 000码，单价9.711元/码，增值税税率13%，对方代垫运费1 780.00元，代垫增值税160.20元，材料已入库，款项尚未支付。

本批锦棉布的采购总成本和单位采购成本计算如下：

采购锦棉布的总成本：20 000×9.711+1 780=196 000.00(元)
锦棉布单位采购成本：196 000.00÷20 000=9.80(元/码)
增值税进项税额：20 000×9.711×13% +160.20=25 408.80(元)

本项交易编制会计分录如下：

借：原材料——锦棉布（资产 +）　196 000.00
　应交税费——应交增值税（进项税额 ）（负债 -）　25 408.80
　贷：应付账款——常熟织布厂（负债+）　221 408.80

【例 4-16】 2019 年 8 月 5 日，海洋食品公司向山东某农场预订 9 月初成熟的苹果 5 000 斤，用来生产苹果汁，根据合同的规定，海洋食品通过银行预先支付该农场 10 000 元的货款。

本项交易应编制会计分录如下：

借：预付账款——山东某农场（资产 +）　10 000.00
　贷：银行存款（资产 -）　10 000.00

【例 4-17】 2019 年 8 月 5 日，山东农场发来苹果 5 000 斤，总进价 27 000 元，农产品增值税进项税额扣除率为 10%，海洋食品公司转账支付余款 17 000 元，苹果已验收入库。

借：原材料——山东苹果（资产+）　24 300.00
　应交税费——应交增值税（进项税额）（负债-）　2 700
　贷：银行存款（资产+）　17 000.00
　　预付账款——山东某农场（资产+）　10 000.00

初试身手

1. 海洋食品公司 2019 年 9 月 9 日，从陕西购进 5 000 斤苹果，总进价 28 800 元，农产品增值税进项税额扣除率为 10%，开出一张商业汇票支付价款，苹果尚未验收入库。

2. 9 月 9 日，以现金支付挑选整理费 826.4 元。

3. 经验收，入库苹果 4 990 斤，10 斤为合理损耗，请编制入库的会计分录并计算出这批苹果总的采购成本和单位采购成本。

任务完成

通过认真学习，并在老师的指点下，多数同学都能归纳出材料采购业务的基本会计分录集，其中蔡家兴同学归纳得最好，现展示如下。

一、购入材料，尚未验收入库

借：在途物资（买价、采购费用均可记入此账户）
　应交税费——应交增值税（进项税额）（以增值税票为准，无税票不得抵扣）
　贷：银行存款（或库存现金）
　　应付账款（之前如有预先支付款项，则贷记“预付账款”账户）
　　应付票据（开出商业汇票抵付货款）

二、材料验收入库

借：原材料——某材料
　　贷：在途物资

三、购入材料，直接验收入库

借：原材料(买价+采购费用)
　　应交税费——应交增值税(进项税额)
　　贷：银行存款(或应付账款、应付票据、预付账款、库存现金等)

四、材料采购的总成本和单位成本

材料采购的总成本包括买价和采购费用，采购费用又包括运费、装卸费、保险费、途中合理损耗、入库前挑选整理费等。

材料采购的单位成本=材料采购总成本÷验收入库的数量。

子项目4　生产业务

学习任务

通过学习，同学们能为生产业务设置账户，编制会计分录，能将生产业务的会计分录从具体业务中剥离出来，形成一个适用于任何企业生产业务的基本会计分录集。

知识准备

费用与成本有联系也有区别，费用是资产的耗费，成本是对象化了的费用、费用与一定的会计期间相联系，成本与一定种类和数量的产品或商品相联系。

生产成本也称制造成本，是指企业为生产一定种类和一定数量的产品所发生的能以货币计量的各种生产耗费，包括直接材料、燃料和动力、直接人工、制造费用等。

一、产品成本构成

直接材料是指构成产品实体的各种材料及主要材料，如制作衣服的布、线、拉链等。

直接人工是指直接从事产品生产的工人的工资、津贴、补贴和福利费等。

制造费用是指为生产产品和提供劳务而发生的间接成本，如车间管理人员薪资、生产设备折旧费等。

二、生产业务的账务处理

1. 账户设置

(1)生产成本。计入成本类账户，用来核算制造产品、自制半成品、自制材料、自制工具发生的各项成本。

借方　　　　　　生产成本(借+贷-)	贷方
★用于制造产品的材料费用 ★从事产品生产的工人薪酬 ★月末转入应由本产品负担的制造费用	★完工入库产品的生产成本
★余额：在产品(尚未完工)的生产成本	

本账户可按产品的种类、批别、生产步骤设置明细账，并按成本项目设置专栏。

(2)制造费用。计入成本类账户，用来核算生产部门(车间)为制造产品和提供劳务而发生的各项间接费用。

借方　　　　　　制造费用(借+贷-)	贷方
★生产部门(车间)发生的各项间接费用	★月末转入各产品成本的制造费用

按不同的生产车间、生产部门设置明细账，并按费用项目设置专栏。

(3)应付职工薪酬。负债类账户，用来核算企业必须支付给职工或为职工支付的各种薪酬福利。

借方　　　　　　应付职工薪酬(借-贷+)	贷方
★本期实际支付的职工薪酬，结转代扣款项	★本期应支付给职工的各种薪酬
	★期末余额：应付未付的职工薪酬

本账户可按“工资”“职工福利”“社会保险”“住房公积金”“工会经费”“职工教育经费”等项目设置明细账，进行明细分类核算。

2. 具体业务(以美芝服饰 2019 年 12 月的生产业务为例)

★直接材料的核算

【例 4-18】2019 年 12 月“发料汇总表”显示：当月生产男式夹克领用布料 18 000 码，单价 9.80 元/码，总额 176 400 元，领用商标 10 000 枚，单价 0.10/枚，总额 1 000 元，领用拉链 10 000 条，单价 0.40 元/条，总额 4 000 元；生产女式夹克领用布料 14 400 码，总额 141 120 元，领用商标 8 000 枚，总额 800 元，领用拉链 8 000 条，总额 3 200元。

本事项应编制会计分录如下：

借：生产成本——男式夹克(成本类 +)　　181 400.00
　　　　　　——女式夹克(成本类 +)　　145 120.00
　贷：原材料——布料(资产 -)　　317 520.00
　　　　　　——拉链(资产 -)　　7 200.00
　　　　　　——商标(资产 -)　　1 800.00

★直接人工的核算

【例 4-19】2019 年 12 月，美芝服饰“职工薪资分配表”显示：本月男式夹克生产工人的工资为 150 000 元；女式夹克生产工人的工资为 125 000 元；车间管理人员工资为 61 000 元；企业管理部门人员工资为 75 000 元；专设销售机构人员工资为 39 000 元。

本事项应编制会计分录如下：

借：生产成本——男式夹克(成本类 +)　　150 000.00
　　　　　　——女式夹克(成本类 +)　　125 000.00
　制造费用(成本类 +)　　61 000.00
　管理费用(损益类中费用类 +)　　75 000.00
　销售费用(损益类中费用类 +)　　39 000.00
　贷：应付职工薪酬——工资(负债类 +)　　450 000.00

初试身手

1. 2019 年 12 月 10 日，出纳开出现金支票，从银行提现 353 800 元，以备发放上月工资。(因存在代收代付款，所以一般情况下，应付工资>实发工资)

2. 2019 年 12 月 11 日，出纳以现金发放职工上月工资 353 800 元。

3. 假设企业不用现金发放工资，而是通过银行将职工实发工资 353 800 元直接转到职工个人银行卡上，请编制相应的会计分录。

【例 4-20】2019 年 12 月，公司行政会议决定发放困难补助 63 000 元，其中向生产男式夹克的困难职工发放 21 000 元；向生产女式夹克的困难职工发放 17 500 元；向车间的困难职工发放 8 540 元；向行政部门的困难职工发放 10 500 元，向专设销售机构困难职工发放5 460 元。

本事项应编制会计分录如下(决定发放不是实际发放)：

借：生产成本——男式夹克(成本类 +)　　21 000.00
　　　　　　——女式夹克(成本类 +)　　17 500.00
　制造费用(成本类 +)　　8 540.00
　管理费用(损益类中费用类 +)　　10 500.00
　销售费用(损益类中费用类 +)　　5 460.00
　贷：应付职工薪酬——职工福利(负债类 +)　　63 000.00

★制造费用的归集与分配。

【例 4-21】 2019 年 12 月 5 日，美芝服饰采购员洪林松持小额销售发票前来财务部报销，财务审核后以现金支付办公用品报销费 750 元，其中，80% 交付行政部门使用，20% 交付生产车间使用。

本事项应编制会计分录如下：

借：制造费用(成本类 +)　　150.00
　　管理费用(损益类中的费用类 +)　　600.00
　　贷：库存现金(资产 −)　　750.00

【例 4-22】 2019 年 12 月 9 日，仓库转来“领料单(财务联)”显示：生产车间领用机车油 5 瓶，单价 48 元，总额 240 元。

本事项应编制会计分录如下：

借：制造费用(成本类 +)　　240.00
　　贷：原材料——机车油(资产 −)　　240.00

【例 4-23】 2019 年 12 月，“美芝服饰电费分配表”显示：本月行政部门耗电 7 200kW·h、单价 0.50 元、总额 3 600 元；生产部门耗电 28 800kW·h、总额为 14 400 元，电费尚未支付。

本事项应编制会计分录如下：

借：管理费用(损益类中费用类 +)　　3 600.00
　　制造费用(成本类 +)　　14 400.00
　　贷：应付账款——晋江电力公司(负债 +)　　18 000.00

【例 4-24】 2019 年 12 月，“美芝服饰折旧计算表”显示：本月生产部门固定资产折旧 34 250 元；专设销售机构固定资产折旧 14 040 元，行政管理部门固定资产折旧 10 120 元。

本事项应编制会计分录如下：

借：制造费用(成本类 +)　　34 250.00
　　销售费用(损益类中费用类 +)　　14 040.00
　　管理费用(损益类中费用类 +)　　10 120.00
　　贷：累计折旧(资产类备抵账户 +)　　58 410.00

初试身手

根据【例 4-19】~【例 4-24】的资料，登记“制造费用”T 形账。

【例 4-25】2019 年 12 月 30 日，美芝公司发生制造费用总额为 118 580 元，请按工资比例分配男式夹克和女式夹克各自应承担的制造费用。

制造费用分配过程如下：

(1)制造费用分配率=应分配制造费用总额÷(各分配对象分配标准总和)

美芝服饰制造费用分配率=118 580÷(150 000+125 000)=0.4312(元)

(2)各分配对象应分摊的制造费用=该对象的分配标准×制造费用分配率

美芝服饰男式夹克应分配的制造费用=150 000×0.4312= 64 680.00(元)

美芝服饰女式夹克应分配的制造费用=125 000×0.4312= 53 900.00(元)

本事项应编制会计分录如下：

借：生产成本——男式夹克(成本类 +)　　64 680.00
　　　　　　——女式夹克(成本类 +)　　53 900.00
　贷：制造费用(成本类 -)　　118 580.00

★完工产品生产成本的计算与结转。

计算公式：期初在产品成本+本期生产费用-本期完工产品成本=期末在产品成本

本期完工产品成本=期初在产品成本+本期生产费用-期末在产品成本

【例 4-26】本月男式夹克完工 9 000 件。男式夹克月初在产品成本合计 37 300 元，其中：直接材料 20 000 元，直接人工 13 270 元，制造费用 4 030 元。

本月生产费用中，有直接材料 181 400 元、直接人工 171 000 元、制造费用 64 680 元；

月末在产品 2 000 件，采用定额成本法，月末在产品单位定额材料成本 17.45 元，单位定额人工成本 15.185 元，单位定额制造费用 5.555 元。

第一步：在表 4-1 第①栏登记月初在产品成本。

第二步：在表 4-1 第②栏登记生产男式夹克领用材料(见【例 4-18】)。

第三步：在表 4-1 第③栏登记生产男式夹克工人的工资(见【例 4-19】)。

第四步：在表 4-1 第④栏登记生产男式夹克工人的困难补助(见【例 4-20】)。

第五步：在表 4-1 第⑤栏登记生产男式夹克应分摊的制造费用(见【例 4-25】)。

第六步：在表 4-1 第⑥栏计算各成本项目的本月累计数额。

第七步：在表 4-1 第⑦栏计算各成本项目月末在产品成本：

直接材料：2 000 ×17.45=34 900(元)

直接人工：2 000 ×15.185=30 370(元)

制造费用：2 000 ×5.555=11 110(元)

第八步：计算表 4-1 第⑧栏的数额：⑧=⑥-⑦。

第九步：计算表 4-1 第⑨栏的数额：⑨=⑧÷9000(完工产品数量)。

表 4-1　生产成本明细账

生产成本明细账

产品：男式夹克　　　　2019 年 12 月 30 日

摘　　要	成本项目			
	直接材料	直接人工	制造费用	合计
①月初在产品成本	20 000. 00	13 270. 00	4 030. 00	37 300. 00
②领用材料	181 400. 00			181 400. 00
③分配工人工资		150 000. 00		150 000. 00
④决定发放困难补助		21 000. 00		21 000. 00
⑤分配制造费用			64 680. 00	64 680. 00
⑥本月累计	201 400. 00	184 270. 00	68 710. 00	454 380. 00
⑦月末在产品 2 000 件	34 900. 00	30 370. 00	11 110. 00	76 380. 00
⑧完工男式夹克 9 000 件	166 500. 00	153 900. 00	57 600. 00	378 000. 00
⑨单位成本	18. 50	17. 10	6. 40	42. 00

注：因版面关系，时间栏、凭证号数栏省略。

本事项应编制会计分录如下：

借：库存商品——男式夹克(资产类 +)　　378 000. 00
　　贷：生产成本——男式夹克(成本类 −)　　378 000. 00

初试身手

女式夹克 8 500 件本月全部完工，月末无在产品。女式夹克月初在产品成本为23 980. 00 元，其中，直接材料 16 380. 00 元，直接人工 5 910. 00 元，制造费用1 690. 00元。本月生产费用详见【例 4－18】~【例 4－25】，请在表 4－2 中登记女式夹克的生产成本明细账。并编制结转完工女式夹克生产成本的会计分录。

表 4-2 生产成本明细账

生产成本明细账

产品：女式夹克　　　　2019 年 12 月 30 日

摘　　要	成本项目			
	直接材料	直接人工	制造费用	合计

注：因版面关系，时间栏、凭证号数栏省略。

本事项应编制会计分录如下：

任务完成

通过认真的学习，在老师的指点下，多数学生都能归纳出生产业务的基本会计分录集，其中，卓成辉同学归纳得最好，现展示如下：

生产成本包括直接材料、直接人工、制造费用。

一、生产领用材料

生产领用材料，应编制会计分录如下：

借：生产成本——某产品　　（生产产品直接领用材料）
　　制造费用——某车间　　（生产车间领用材料）
　　管理费用　　（行政部门领用材料）
　　销售费用　　（专设销售机构领用材料）
　　贷：原材料

二、职工薪酬分配

借：生产成本——某产品　（生产某产品工人的工资、福利、奖金等薪酬）
　　制造费用——某车间　（车间管理人员的工资、福利、奖金等薪酬）
　　管理费用　（行政部门人员的工资、福利、奖金等薪酬）
　　销售费用　（专设销售机构人员的工资、福利、奖金等薪酬）
　　贷：应付职工薪酬——工资（或者职工福利等）

三、制造费用的归集与分配

1. 制造费用归集

借：制造费用
　　贷：累计折旧　（生产部门设备折旧费）
　　　　库存现金　（支付生产部门办公费用）

领用材料和分配薪酬的会计分录里也有制造费用的归集。

2. 制造费用分配

借：生产成本——某产品　（制造费用）
　　贷：制造费用

制造费用分配计算过程：

制造费用分配率＝应分配制造费用总额÷（各分配对象分配标准总和）

各分配对象应分摊的制造费用＝该对象的分配标准☞制造费用分配率

四、结转完工产品的生产成本

完工产品的生产成本＝月初在产品成本+本月生产费用–月末在产品成本

借：库存商品——某商品
　　贷：生产成本——某产品

子项目5　销售业务

学习任务

通过学习，同学们能为销售业务设置账户，编制会计分录，并能将销售业务的会计分录从具体业务中剥离出来，形成一个适用于任何企业销售业务的基本会计分录集。

知识准备

通过销售业务获得收入，一方面可补偿生产成本和期间费用，保证企业再生产的正常进行；另一方面也是企业利润的主要来源。

一、主营业务

主营业务是企业经常性业务，包括销售产品、提供工业性劳务等。

1. 收入确认

收入确认是企业对所售商品开具法规认可的销售发票，如增值税专用发票、增值税普通发票等，并将其列入有关收入账户，最终计入企业财务报表的过程。

企业商品销售收入的确认必须同时满足以下条件：

(1)企业已将商品所有权中的主要风险和报酬转移给购货方；

(2)企业没有保留与所有权相联系的继续管理权，也没有对已售商品实施控制；

(3)收入的金额，已发生或将发生的成本均能可靠地计量；

(4)相关的经济利益很可能流入企业。

2. 账户设置

(1)主营业务收入。损益类账户，用来核算因销售商品、提供劳务等主营业务而发生并得到确认的收入。

借方　　主营业务收入(借-贷+)	贷方
★因销售退回而冲减的销售收入 ★期末转入“本年利润”账户的数额	★企业销售商品、提供劳务时实现的销售收入

本账户期末无余额，按主营业务的种类设置明细账，进行明细分类核算。

(2)主营业务成本。损益类账户，用来核算为获得主营业务收入而发生的成本。

借方　　主营业务成本(借+贷-)	贷方
★结转已销商品、已提供劳务的成本	★期末转入“本年利润”账户的数额

本账户期末无余额，按主营业务的种类设置明细账，进行明细分类核算。

(3)应收账款。资产类账户，企业用来核算因日常经营活动而产生的应收款项。

借方	应收账款(借+贷-) 贷方
★应收取的销售款、劳务款	★企业已收取的应收款项
★期末余额：尚未收回的应收款项	

本账户按不同的债务人设置明细账，进行明细分类核算。

(4)应收票据。资产类账户，用来核算因销售商品、提供劳务等日常经营活动收到的商业汇票。

借方	应收票据(借+贷-) 贷方
★收到商业票据	★票据到期，收到票据记载的款项
★期末余额：应收未收的商业汇票金额	

本账户按开出、承兑票据的单位设置明细账，进行明细分类核算。

(5)预收账款。负债类账户，企业用来核算按合同规定预先收取的款项。

借方	预收账款(借-贷+) 贷方
★销售实现时转销的预收款项	★企业向购货单位预先收取的款项
★期末余额：已转销但尚未收取的款项	★已预收但尚未转销的款项

本账户按购货单位设置明细账，进行明细分类核算。

3. 具体业务

【例 4-27】 2019 年 12 月 8 日，美芝服饰业务部转来的增值税专用发票显示：向北京市新街口百货有限公司销售男式夹克 2 000 件，单价 85 元/件，总售价 170 000 元，增值税税额 22 100 元；销售女式夹克 1 800 件，单价 80 元/件，总售价 144 000 元，增值税税额 18 720 元。

本事项应编制会计分录如下：

借：应收账款——北京市新街口百货有限公司(资产类 +)	354 820.00
贷：主营业务收入——男式夹克(损益类中收入类 +)	170 000.00
——女式夹克(损益类中收入类 +)	144 000.00
应交税费——应交增值税(销项税额)(负债类 +)	40 820.00

【例 4-28】 2019 年 12 月 14 日，美芝服饰业务部转来“增值税专用发票(记账联)”显示：企业销售青海省海西商城男式夹克 4 500 件，单价 75 元/件，总售价 337 500 元；女式夹克 4 200 件，单价 72 元/件，总售价 302 400 元；增值税税额合计 83 187 元。企业同日收到青海省海西商城开来的一张为期 3 个月的银行承兑汇票。

本事项应编制会计分录如下：

借：应收票据——青海省海西商城（资产类 +）　　723 087.00
　　贷：主营业务收入——男式夹克（损益类中收入类 +）　　337 500.00
　　　　　　　　　　——女式夹克（损益类中收入类 +）　　302 400.00
　　　　应交税费——应交增值税（销项税额）（负债类 +）　　83 187.00

初试身手

①2019年12月3日，海南海东商城预先支付购买夹克的款项300 000元，美芝服饰财务部已收到银行的收账通知，请编制会计分录。

②2019年12月28日，美芝服饰业务部转来的"增值税专用发票（记账联）"显示：售给海东商城男式夹克3 000件，单价70元/件；女式夹克3 000件，单价70元/件，增值税税率为13%。

③2019年12月30日，银行通知，收到海东商城汇入的款项174 600元。

【例4-29】 2019年12月30日，"商品销售成本汇总表"显示：本月销售男式夹克9 500件，单位生产成本42元；女式夹克9 000件，单位生产成本43元。

本事项应编制会计分录如下：

借：主营业务成本——男式夹克（损益类中的成本类 +）　　399 000.00
　　　　　　　　——女式夹克（损益类中的成本类 +）　　387 000.00
　　贷：库存商品——男式夹克（资产类 -）　　399 000.00
　　　　　　　　——女式夹克（资产类 -）　　387 000.00

其中，已销男式夹克的生产成本＝9 500（已销数量）×42元（单位生产成本）
　　　已销女式夹克的生产成本＝9 000（已销数量）×43元（单位生产成本）

二、其他业务

其他业务是企业日常经营活动的一个重要组成部分，包括出售材料、出租包装物、出租固定资产、出租无形资产、提供非工业性劳务等业务。

1. 账户设置

（1）其他业务收入。损益类账户，企业用来核算发生其他销售或其他业务时获取并得到确认的收入。

借方　　　　其他业务收入（借-贷+）	贷方
★期末转入"本年利润"账户的数额	★销售材料、包装物、低值易耗品的收入 ★出租固定资产、无形资产的租金收入 ★出租库存商品、包装物等存货的租金收入

本账户结转"本年利润"后无期末余额，按其他业务种类设明细账，进行明细核算。

(2)其他业务成本。损益类账户，企业用来核算为获得其他业务收入而发生的成本。

借方　　　其他业务成本(借+贷-)　　　贷方	
★其他销售业务发生的成本	★期末转入"本年利润"的数额

本账户结转"本年利润"后期末无余额，本账户按其他业务种类设明细账，进行明细核算。

(3)税金及附加。损益类账户，用来核算经营活动发生的消费税、城市维护建设税、资源税、教育费附加等相关税费。

借方　　　税金及附加(借+贷-)　　　贷方	
★因经营业务而提取消费税、资源税 ★按缴纳增值税、消费税的比例提取城市维护建设税、教育费附加 ★房产税、土地使用税、车船使用税、印花税	★期末转入"本年利润"账户的税金及附加

本账户结转"本年利润"后期末无余额。

2. 具体业务

【例 4-30】 2019 年 12 月 19 日，业务部转来的"增值税专用发票(记账联)"显示：美芝服饰销售给惠女传统服饰有限公司拉链 5 000 条，单价 1 元，总售价 5 000 元，增值税税额 650 元；"农业银行进账单(收账通知)"显示：价税款合计 5 650 元已经到账。

本事项应编制会计分录如下：

借：银行存款(资产类 +)	5 650. 00	
贷：其他业务收入(损益类中收入类 +)		5 000. 00
应交税费——应交增值税(销项税额)(负债类 +)		650. 00

【例 4-31】 2019 年 12 月 31 日，美芝服饰财务部"材料销售成本汇总表"显示：本月销售拉链 5 000 条，单位成本 0. 4 元，总成本 2 000 元。

本事项应编制会计分录如下：

借：其他业务成本(损益类中成本类 +)	2 000. 00	
贷：原材料——拉链(资产类 -)		2 000. 00

【例 4-32】 2019 年 12 月 31 日，财务部计算出本月应交增值税(销项税额-进项税额)为 163 690. 60 元，按 7% 和 3% 的比例分别提取城市维护建设税和教育费附加。

本事项应编制会计分录如下：

借：税金及附加(损益类中费用类 +)	16 369. 06	
贷：应交税费——城市维护建设税(负债类 +)		11 458. 34
——教育费附加(负债类 +)		4 910. 72

其中，城市维护建设税 = 163 690. 60×7% = 11 458. 34(元)

教育费附加=163 690.60×3% =4 910.72(元)

【例 4-33】2019 年 12 月 31 日，出纳通过银行转账支付本月应交的增值税、城市维护建设税和教育费附加。

本事项应编制会计分录如下：

借：应交税费——应交增值税(已交税金)(负债类 -)　163 690.60
　　　　　　——城市维护建设税(负债类 -)　11 458.34
　　　　　　——教育费附加(负债类 -)　4 910.72
　　贷：银行存款(资产类 -)　180 059.66

任务完成

通过认真学习，在老师的指点下，多数学生都能归纳销售业务的基本会计分录集，其中，刘丽琼同学归纳得最好，现展示如下：

一、销售产品、提供工业性劳务等主营业务。

1. 确认收入

借：银行存款(款项已收存银行)
　　应收账款(款项尚未收到)
　　应收票据(收到商业汇票)
　　预收账款(之前有收到购货方预先支付的款项)
　　贷：主营业务收入(按销售价计算)
　　　　应交税费——应交增值税(销项税额)

2. 结转已销商品成本

借：主营业务成本
　　贷：库存商品——某商品（金额=已销数量×单位生产成本）

二、销售材料等其他业务

1. 确认收入

借：银行存款等相关科目
　　贷：其他业务收入(按销售价计算)
　　　　应交税费——应交增值税(销项税额)

2. 结转已销材料成本

借：其他业务成本
　　贷：原材料(金额=已销数量×单位采购成本)等

三、税金及附加业务

1. 计算

城市维护建设税=实际上交或应交的(增值税+消费税)×规定的税率(一般为7%)

教育费附加=实际上交或应交的(增值税+消费税)×规定的税率(一般为3%)

2. 编制计提的会计分录

借：税金及附加
　　贷：应交税费——应交城建税
　　　　　　　　——应交教育费附加

子项目6　期间费用业务

学习任务

通过学习，同学们能为期间费用业务设置账户，编制会计分录，并能将期间费用的会计分录从具体业务中剥离出来，形成一个适用于任何企业期间费用业务的基本分录集。

知识准备

期间费用指企业日常活动中发生的，不归属于某个特定成本的核算对象，应当直接计入当期损益的各种费用，包括管理费用、销售费用和财务费用。

1. 账户设置

(1)管理费用。损益类账户，用来核算行政部门为组织和管理企业的生产经营活动而发生的各项费用。

借方　　　　管理费用(借+贷-)	贷方
★企业筹建期间的开办费、董事会费 ★公司经费(含薪酬、办公费、差旅费等) ★聘请中介机构费、咨询费、诉讼费 ★业务招待费、技术转让费 ★行政部门固定资产折旧费 ★行政管理部门的固定资产修理费等	★期末转入“本年利润”账户的金额

本账户结转“本年利润”后期末无余额。本账户可按费用项目设明细账，进行明细核算。

(2)销售费用。损益类账户，用来核算企业在销售商品和材料、提供劳务过程中所发生的各种费用。

借方	销售费用(借+贷-) 贷方
★销售过程的包装费、保险费、运输费、装卸费 ★广告费、展览费、预计产品质量保证损失 ★商品维修费、专设销售机构的职工薪酬、业务费、以及固定资产折旧费、修理费等。	★结转本年利润的数额

本账户结转“本年利润”后期末无余额，本账户可按费用项目设明细账，进行明细核算。

(3)财务费用(详见子项目一的“负债筹资业务”)。

2. 具体业务

【例4-34】 2019年12月5日，晋江快捷修理中心员工持“增值税专用发票”要求付款，发票显示：美芝生产设备修理费2 000元，专设销售机构设备修理费1 000元，行政部门修理费1 000元，增值税合计520元，美芝出纳审核无误后，开出现金支票支付。

本交易应编制会计分录如下：

借：管理费用——修理费(损益类中的费用类+)	3 000. 00
销售费用——修理费(损益类中的费用类+)	1 000. 00
应交税费——应交增值税(进项税额)(负债 -)	520. 00
贷：银行存款(资产类 -)	4 520. 00

【例4-35】 2019年12月6日，七彩广告公司业务员持“增值税专用发票”到美芝公司财务部报销，发票显示：美芝公司发布广告的费用80 000元，增值税税额4 800元，出纳审核无误后，通过银行转账支付广告费及增值税税额84 800元。

本交易应编制会计分录如下：

借：销售费用——广告费(损益类中的费用类+)	80 000. 00
应交税费——应交增值税(进项税额)(负债 -)	4 800. 00
贷：银行存款(资产类 -)	84 800. 00

【例4-36】 2019年12月10日，美芝出纳转账支付公司2019年书报杂志费1 200元。

本交易应编制会计分录如下：

借：预付账款——晋江金井邮局(资产类 +)	1 200. 00
贷：银行存款(资产类 -)	1 200. 00

【例4-37】 2019年12月11日，业务员持“福建省泉州市服务员有奖定额发票”报销业务招待费450元，美芝公司出纳审核后，以现金支付，并在发票上加盖“现金付讫”章。

本交易应编制会计分录如下：

借：管理费用——业务招待费（资产类 +） 450.00
　贷：库存现金（资产类 -） 450.00

【例 4-38】2019 年 12 月 13 日，美芝行政部门人员向前预借差旅费 2 000 元，出纳审核借款单后，以现金支付，并在借款单上加盖“现金付讫”章。

本事项应编制会计分录如下：

借：其他应收款——才向前（资产类 +） 2 000.00
　贷：库存现金（资产类 -） 2 000.00

【例 4-39】2019 年 12 月 15 日，销售部门业务员王玩报销差旅费 1590 元。其中：飞机票 872 元（暂不考虑机场建设费）；住宿费 300 元，增值税税额 18 元；出差补助 400 元。出纳审核后，结清王玩原预借款 1 000 元，并补付现金 590 元。

借：销售费用——差旅费（损益类中的费用类 +） 1 500.00
　应交税费-应交增值税（进项税额） 90.00
　贷：其他应收款—王玩 1 000.00
　　库存现金 590. 00

注：自 2019 年 4 月起，与单位（增值税一般纳税人）有用工合同关系的员工，因公差购买国内旅客运输服务，并取得注明旅客身份信息的飞机票、车船票、电子客票行程单等，其增值税进项税额允许从销项中抵扣，适用税率为 9%。

其中：

飞机运输服务的增值税进项税额：872. 00÷（1+9%）×9% =72. 00（元）

差旅费的增值税进项税额：72. 00+18. 00=90. 00（元）

出差费用：872. 00÷（1+9%）+300. 00+400. 00=1 500. 00（元）

【例 4-40】2019 年 12 月 20 日，美芝公司服饰财务部出纳收到银行通知，银行从企业存款账户上扣除转为企业转账的手续费 128 元。

本事项应编制会计分录如下：

借：财务费用——金融手续费（损益类中费用类 +） 128.00
　贷：银行存款（资产类 -） 128.00

【例 4-41】2019 年 12 月 30 日，分摊本月书报杂志费 100 元。

本事项应编制会计分录如下：

借：管理费用——书报杂志费（损益类中费用类 +） 100.00
　贷：预付账款——晋江金井邮局（资产类 -） 100.00

【例 4-42】2019 年 12 月 30 日，本月专利技术应摊销费用 3 200 元。

本事项应编制会计分录如下：

借：管理费用——无形资产摊销（损益类中费用类 +） 3 200.00
　贷：累计摊销（资产类中的备抵金额 +） 3 200.00

【例 4-43】2019 年 12 月 30 日，美芝公司出纳转账支付运费给某物流公司2 200元。其中销售给海东商城本企业产品，企业承担的运费1 000 元，增值税税额90 元，销售给海南商城本企业产品，企业代垫运费1 000 元，增值税税额90 元。

本事项应编制会计分录如下：

借：应收账款——海南商城(资产类 +)　　1 090.00
　　销售费用——运杂费(损益类中的费用类 +)　　1 000.00
　　应交税费——应交增值税(进项税额)(负债类-)　　90.00
　　贷：银行存款(资产类 -)　　2 180.00

【例 4-44】假设美芝公司本月发生的管理费用已处理完毕，请通过“T”形账归集(从【例 4-19】起到【例 4-42】止)本月发生的管理费用总额，本将其转入“本年利润”账户。

登记 T 形账如下：

借方	管理费用	贷方
【例 4-19】工资	75 000.00	
【例 4-20】福利费	10 500.00	
【例 4-21】办公用品费	600.00	
【例 4-23】电费	3 600.00	
【例 4-24】设备折旧	10 120.00	
【例 4-34】设备修理费	3 000.00	
【例 4-37】业务招待费	450.00	
【例 4-41】书报杂志费	100.00	
【例 4-42】无形资产摊销	3 200.00	
	106 570.00	

本事项应编制会计分录如下：

借：本年利润　　106 570.00
　　贷：管理费用　　106 570.00

说明：将管理费用转入本年利润，一般都在期末与其他损益类科目同时进行。

初试身手

美芝公司本月销售费用已处理完毕，请通过“T”形账(从【例 4-19】起到【例 4-43】止)归集本月销售费用总额，并将其转入本年利润账户。

借方	销售费用	贷方
【例 4-19】		
【例 4-20】		
【例 4-24】		
【例 4-34】		
【例 4-35】		
【例 4-39】		
【例 4-43】		

本事项应编制会计分录如下：

任务完成

通过认真学习，在老师指点下，多数学生都能归纳出期间费用业务的基本会计分录集，其中，肖晓强同学归纳得最好，现展示如下：

一、固定资产修理费

借：管理费用（行政管理部门固定资产修理费）
　　销售费用（专设销售机构固定资产修理费）
　　应交税费——应交增值税（进项税额）
　　贷：银行存款（或应付账款）

二、差旅费

1. 预借差旅费

借：其他应收款——借款人
　　贷：库存现金（或银行存款）

2. 报销

借：管理费用——差旅费（行政部门人员出差）
　　销售费用——差旅费（专设销售机构人员出差）
　　制造费用——差旅费（车间人员出差）
　　应交税费——应交增值税（进项税额）（未提供合法的扣税凭证则不予抵扣）
　　贷：其他应收款
　　　　库存现金（报销金额<借款额记在借方；报销金额>借款额记在贷方）

三、其他费用项目

借：管理费用（行政管理部门发生的费用）
　　销售费用（销售过程发生的或专设销售机构发生的费用）
　　财务费用（流动资金借款利息、金融机构手续费、现金折扣、汇兑损益等）
　　贷：银行存款或有关科目（如提取利息则贷记“应付利息”账户）

说明：职工薪酬、折旧费、日常办公费等已在其他子项目里面归集了，此处不重复。

四、结转期间费用

借：本年利润
　　贷：管理费用
　　　　销售费用
　　　　财务费用

子项目 7　利润形成业务

学习任务

通过学习，同学们能为企业的利润形成业务设置账户，编制会计分录，并能将利润形成的会计分录从具体业务中剥离出来，形成一个适用于任何企业利润形成业务的基本分录集。

知识准备

利润是指企业在一定会计期间的经营成果，包括收入减去费用后的净额，直接计入当期损益的利得和损失等。

一、利润计算公式

1. 营业利润=营业收入-营业成本-税金及附加-销售费用-管理费用-研发费用-财务费用-资产减值损失-信用减值损失±其他收益± 投资收益±公允价值变动收益±资产处置收益

(1) 营业收入=主营业务收入+其他业务收入

(2) 营业成本=主营业务成本+其他业务成本

2. 利润总额=营业利润+ 营业外收入-营业外支出

3. 净利润=利润总额-所得税费用

4. 综合收益总额=净收益+其他综合收益的税后净额

二、账户设置

1. 营业外收入

损益类账户，用来核算企业非日常经营活动的形成，应当计入当期损益，会导致所有者权益增加，与所有者投入资本无关的利得。

借方　　　　营业外收入(借-贷+)	贷方
★结转“本年利润”的数额	获得下列各项利得 ★无法支付的应付款项 ★债务重组收入 ★盘盈收入 ★固定资产报废、损毁净收益 ★无形资产报废净收益 ★罚款收入 ★捐赠收入、政府补助收入

结转“本年利润”后期末无余额，本账户可按营业外收入项目设明细账，进行明细核算。

2. 营业外支出

损益类账户，用来核算企业非日常经营活动的形成，应当计入当期损益，会导致所有者权益减少，与向所有者分配利润无关的损失。

借方　营业外支出(借+贷-)	贷方
发生下列各项损失 ★固定资产盘亏损失 ★固定资产报废、损毁净损失 ★无形资产报废净损失 ★债务重组损失 ★非正常损失 ★罚款支出 ★公益性捐赠支出	★ 结转“本年利润”的数额

结转“本年利润”后期末无余额，本账户可按营业外支出项目设明细账，进行明细核算。

3. 投资收益

损益类账户，用来核算企业确认的投资收益或投资损失。

借方　投资收益(借-贷+)	贷方
★发生的投资损失 ★期末转入“本年利润”的投资净收益	★实现的投资收益 ★期末转入“本年利润”的投资净损失

本账户结转“本年利润”后期末无余额，本账户可按投资项目设明细账，进行明细核算。

4. 本年利润

所有者权益类账户，用来核算企业当年实现的净利润或发生的净亏损。

借方　本年利润(借-贷+)	贷方
期末转入：★主营业务成本 ★其他业务成本 ★营业外支出 ★投资净亏损 ★税金及附加 ★期间费用、所得税费用 结转本期实现的净利润	期末转入：★主营业务收入 ★其他业务收入 ★营业外收入 ★投资净收益 结转本期发生的净亏损

未结转“利润分配”账户前，本账户借方余额为亏损，贷方余额为盈利，结转到“利润分配”账户后，本账户的期末余额为零。

5. 所得税费用

损益类账户，用来核算企业按税法的规定应当从当期利润总额中扣除的所得税。

借方 所得税费用(借+贷-) 贷方	
★企业应缴纳的所得税费用	★ 期末转入“本年利润”的所得税费用

结转“本年利润”账户后，本账户期末余额为零。

三、具体业务

★计入当期损益的利得与损失、投资收益业务。

【例 4-45】 美芝服饰公司财务部 2019 年 12 月 4 日开出一张现金支票，捐款10 000.00 元给晋江市爱心基金会，同时也收到收款方开来的“晋江市行政事业性统一收据”(客户联)。客户联显示，此笔捐款用于希望小学。

本交易应编制会计分录如下：

借：营业外支出(损益类中支出类 +)	10 000.00	
贷：银行存款(资产类 -)		10 000.00

【例 4-46】 美芝服饰公司财务部 2019 年 12 月 8 日收到农业银行进账通知，强力公司违约金 3 500 元已到账。

本交易应编制会计分录如下：

借：银行存款(资产类 +)	3 500.00	
贷：营业外收入(损益类中收入类 +)		3 500.00

【例 4-47】 美芝服饰公司财务部 2019 年 12 月 15 日收到农业银行进账通知和福建省工商企业资金往来专用单据显示：海盛公司向本公司分配现金股利 58 000 元，现已到账。

本交易应编制会计分录如下：

借：银行存款(资产类 +)	58 000.00	
贷：投资收益(损益类中收益类 +)		58 000.00

初试身手

(1)2019 年 12 月 10 日，专利权人王明先生按协议规定，将其拥有的某项价值为 86 400 元的专利权无偿捐给金指公司，相关手续已办理完毕。

(2)2019 年 12 月 20 日，因未按时向税务局缴纳应交增值税，金指公司被税务部门收取滞纳金 3 200 元，已通过银行转账付讫。

(3)2019 年 12 月 25 日，金指公司参与 A 公司的债务重组，A 公司欠企业债务 25 万元，A 公司立即转账支付 15 万元，剩余 10 万元，公司给予豁免。

★期末结转损益类账户。

【例4-48】 美芝服饰公司财务部2019年12月31日汇总编制的“收入收益类账户本期发生额”显示：本月男式夹克实现销售收入717 500元；女式夹克实现销售收入656 400元，拉链实现销售收入5 000元，营业外收入89 900元；投资收益58 000元。

本事项应编制会计分录如下：

借：主营业务收入——男式夹克(损益类中收入类 -)　　717 500.00
　　　　　　　　——女式夹克(损益类中收入类 -)　　656 400.00
　　其他业务收入——拉链(损益类中收入类 -)　　5 000.00
　　营业外收入(损益类中收入类 -)　　89 900.00
　　投资收益(损益类中收益类 -)　　58 000.00
　　贷：本年利润(所有者权益类 +)　　1 526 800.00

【例4-49】 美芝服饰公司财务部2019年12月31日汇总编制的“成本费用支出类账户本期发生额”显示：本月男式夹克销售成本399 000元，女式夹克销售成本387 000元，拉链的销售成本2 000元，税金及附加16 369.06元，管理费用111 265元，其中研发费用34 265元，销售费用78 499.94元，财务费用3 100元，营业外支出10 000元。

本事项应编制会计分录如下：

借：本年利润(所有者权益类 -)　　1 007 234.00
　　贷：主营业务成本——男式夹克(损益类中成本类 -)　　399 000.00
　　　　　　　　　　——女式夹克(损益类中成本类 -)　　387 000.00
　　　　其他业务成本(损益类中成本类 -)　　2 000.00
　　　　税金及附加(损益类中费用支出类 -)　　16 369.06
　　　　管理费用(损益类中费用支出类 -)　　111 265.00
　　　　销售费用(损益类中费用支出类 -)　　78 499.94
　　　　财务费用(损益类中费用支出类 -)　　3 100.00
　　　　营业外支出(损益类中费用支出类 -)　　10 000.00

初试身手

请根据【例4-48】和【例4-49】的资料，列式计算美芝服饰公司12月份的各项目如下：

营业收入＝

营业成本＝

营业利润＝

利润总额＝

★计算并结转所得税费用。

【例 4-50】 假设 2019 年 12 月美芝服饰公司“本年利润”月初借方余额 43 526 元，企业全年都没有纳税调整项目，请结合【例 4-46】和【例 4-47】提供的资料计提并结转企业本年所得税费用。

(1)计提所得税费用。

本年应纳税所得额=1 526 800-1 007 234-43 526=476 040(元)

本年应纳所得税=476 040×25% =119 010(元)

本事项应编制会计分录如下：

借：所得税费用(损益类中费用类 +)　　119 010. 00
　　贷：应交税费——应交所得税(负债类 +)　　119 010. 00

(2)结转所得税费用。

本事项应编制会计分录如下：

借：本年利润(所有者权益类 -)　　119 010. 00
　　贷：所得税费用(损益类中费用类 -)　　119 010. 00

★结转净利润。

【例 4-51】 2019 年 12 月 31 日，根据【例 4-46】计算并结转美芝公司全年净利润：

美芝服饰公司全年净利润=476 040. 00-119 010. 00=357 030. 00(元)

本事项应编制会计分录如下：

借：本年利润　　357 030. 00(所有者权益 -)
　　贷：利润分配——未分配利润　　357 030. 00(所有者权益 +)

初试身手

请登记“本年利润”的“T”形账，从【例 4-48】起到【例 4-51】止，算出“本年利润”的余额。

借方	本年利润	贷方
	月初	43 526. 00

初试身手

1. 著成服饰 2020 年实现主营业务收入 1 800 000 元，其他业务收入 600 000 元，营业外收入 30 000 元，投资净亏损 250 000 元，请结转收入收益类科目。

2. 著成服饰 2020 年发生主营业务成本 1 000 000 元，其他业务成本 200 000 元，税金及附加 100 000 元，管理费用 210 000 元，其中研发费用 45 000 元，销售费用 400 000 元，财务费用50 000 元，营业外支出 100 000 元，资产减值损失 240 000 元。

3. 结转本年净亏损。

任务完成

通过认真学习，在老师指点下，多数学生都能归纳出利润形成业务的基本会计分录集，其中林可新同学归纳得最好，现展示如下：

一、结转损益类中收入收益类账户

借：主营业务收入
　　其他业务收入
　　营业外收入
　　投资收益(如果是投资亏损则用红字，或者贷记)
　　贷：本年利润

二、结转损益类中的成本费用支出类

借：本年利润
　　贷：主营业务成本
　　　　其他业务成本
　　　　税金及附加
　　　　管理费用
　　　　销售费用
　　　　财务费用(如果财务费用结转贷方>借方，则用红字，或借记)
　　　　资产减值损失
　　　　营业外支出

三、计提结转所得税费用(全年统算，若盈利要计提所得税，若亏损则不计提所得税)

1. 计提所得税费用(应纳所得税额=应纳税所得额×所得税税率)

借：所得税费用
　　贷：应交税费——应交所得税

2. 结转所得税费用

借：本年利润
　　贷：所得税费用

四、结转本年利润

1. 结转本年净利润(结转前，本年利润为贷方余额)

借：本年利润
　　贷：利润分配——未分配利润

2. 结转本年净亏损(结转前，本年利润为借方余额)

借：利润分配——未分配利润
　　贷：本年利润

子项目 8　利润分配业务

学习任务

通过学习，同学们能为利润分配业务设置账户，编制会计分录，并能将利润分配业务的会计分录从具体业务中剥离出来，形成一个适用于任何企业利润分配业务的基本分录集。

知识准备

企业应将实现的净利润按国家财务制度规定的分配形式和分配顺序在企业和投资者之间进行分配。

一、利润分配顺序

(1)弥补以前年度的亏损。5 年内的亏损用税前利润弥补，5 年之前的亏损用税后利润或盈余公积弥补。

(2)提取法定盈余公积。当以前年度累积的法定盈余公积达到注册资本的 50% 时，可以不再提取。

(3)提取任意盈余公积。

根据董事会或者股东大会的决议，企业可按一定比例提取任意公积。

(4)向投资者分配利润(或股利)。

二、账户设置

1. 利润分配

所有者权益类账户，也是“本年利润”的(备抵调整和附加调整)调整账户，用来核算利润分配或亏损弥补。

借方　　　　利润分配(借-贷+)	贷方
★从“本年利润”转入的当年净亏损 ★对当年净利润的分配	★ 从“本年利润”转入的当年净利润 ★ 盈余公积弥补亏损数额
★期末余额：历年累计未弥补亏损	★期末余额：历年累计未分配利润

本账户应当设置“提取法定盈余公积”“提取任意盈余公积”“应付利润”(或现金股利)“盈余公积补亏”“未分配利润”等明细账户，进行明细核算。

2. 盈余公积

所有者权益类账户，核算从净利润中提取盈余公积、盈余公积补亏、转增资本等业务。

借方　　　　盈余公积(借-贷+)	贷方
★企业弥补亏损的盈余公积数额 ★企业转作资本的盈余公积数额	★ 企业提取的盈余公积数额
	★期末余额：盈余公积的结余数额。

3. 应付利润(或股利)

负债类账户，核算企业分配的利润或现金股利。

借方　　　　应付股利(借-贷+)	贷方
★企业实际向投资者支付的利润	★ 企业向投资者分配的利润或现金股利
	★已分配尚未支付的利润或现金股利

本账户应按投资者设置明细账，进行明细分类核算。

【例4-52】 美芝服饰公司2019年净利润357 030元，按净利润的10%提法定盈余公积。

本事项应编制会计分录如下：

借：利润分配——提取法定盈余公积(所有者权益 -)　　35 703.00
　　贷：盈余公积(所有者权益 +)　　35 703.00

初试身手

1. 美芝服饰公司董事会决议：提取5%的任意盈余公积17 851.50元。
2. 美芝服饰公司股东大会决议：按税后利润的30%向投资者分配利润107 109元。
3. 2021年3月15日，美芝服饰公司转账向全体投资者支付2020年股东大会决议确定要分配的利润。

【例4-53】 美芝服饰公司财务部门2020年年终结转利润分配的明细账户。

本事项应编制会计分录如下：

借：利润分配——未分配利润　　160 663.50(所有者权益 -)
　　贷：利润分配——提取法定盈余公积金　　35 703.00(所有者权益 +)
　　　　　　　　——提取任意盈余公积金　　17 851.50(所有者权益 +)
　　　　　　　　——应付股利　　107 109.00(所有者权益 +)

初试身手

1. 著成服饰2020年亏损120 000元，董事会决定用以前年度的盈余公积金弥补。

2. 著成服饰财务部2020年年终结转利润分配明细账户。

思考：如果著成服饰2020年的亏损用公司以前年度的未分配利润弥补，或者待以后年度的利润来弥补，需要编制会计分录吗?

【例4-54】2021年3月，美芝公司股东大会决定：用盈余公积金300 000元转增企业资本，相关手续已办理完毕。(盈余公积金转增资本后，留存的盈余公积金不得少于注册资本的25%)

本事项应编制会计分录如下：

借：盈余公积(所有者权益 -)　　300 000. 00
　　贷：实收资本(所有者权益 +)　　300 000. 00

任务完成

通过认真学习，并在老师指点下，多数学生都能归纳出利润分配业务的基本会计分录集，其中，翁海康同学归纳得最好，现展示如下：

一、企业亏损

1. 用盈余公积金弥补亏损

借：盈余公积
　　贷：利润分配——盈余公积金补亏

2. 年终结转利润分配明细账户

借：利润分配——盈余公积金补亏
　　贷：利润分配——未分配利润

二、企业盈利

1. 提取公积金

借：利润分配——提取法定(任意)盈余公积金
　　贷：盈余公积

2. 向投资人分配利润

借：利润分配——应付利润(或应付现金股利等)
　　贷：应付利润(或应付股利)

3. 年终结转利润分配明细账户

借：利润分配——未分配利润
　　贷：利润分配——提取法定盈余公积金
　　　　　　　　——提取任意盈余公积金
　　　　利润分配——应付利润(或应付现金股利)

三、盈余公积金转增资本

借：盈余公积
　　贷：实收资本

项目五
会计凭证

学习目标

知识目标： 了解会计凭证的含义、内容及分类，掌握会计凭证的填制要求及审核要求，熟悉会计凭证的传递程序、装订方法和保管规定。

能力目标： 能按要求填制和审核会计凭证，能按规定方法装订会计凭证。

思政目标： 依法审核会计凭证，拒绝不合法不合规的原始凭证，坚持向违法违规行为说不，培养敢于斗争、善于斗争的精神品质。

子项目1　原始凭证(单据)

学习任务

通过学习，同学们能正确填写原始凭证，能够熟练填制一些常用的原始凭证如增值税专用发票、支票、进账单、收料单、领料单、限额领料单等，能按要求正确审核原始凭证，能对审核结果进行分类并正确处理。

知识准备

会计凭证是记录经济业务、明确经济责任、能据以登记账簿的书面证明。填制和审核会计凭证是会计核算工作的起点和基本环节。

会计凭证按填制程序和用途的不同，可以分为原始凭证和记账凭证。

一、原始凭证的含义

原始凭证也称单据，是经济业务发生或完成情况的记录凭据或书面证明，是填制记账凭证和登记账簿的原始依据，是会计资料中最能明确经济责任，最具法律效力的一种文件。

购销合同、请购单、对账单、银行存款余额调节表等不能作为会计核算的原始凭证。

二、原始凭证的分类

1. 原始凭证按来源的不同可以分为外来原始凭证和自制原始凭证

(1)外来原始凭证是来自外单位或个人的原始凭证。如增值税专用发票的发票联、向外单位付款时取得的收据及银行转来的各种结算凭证等。

外来原始凭证遗失的，应取得盖有原签发单位公章的书面证明，并在证明上注明原遗失凭证的名称、号码和内容等，经办单位负责人批准后，方可代替遗失凭证。遗失凭证确实无法取得证明的，如飞机票、车船票等，应由经办人写出详细情况，在经办单位负责人批准后，可以代替所遗失的原始凭证。

(2)自制原始凭证是本单位人员自行填制的原始凭证。如增值税专用发票记账联、企业开出的银行结算凭证存根联、收料单、产品入库单、工资单、差旅费报销单等。

自制原始凭证应有的项目与外来原始凭证应有的项目基本相同，但也存在区别，如自制原始凭证一般不需要加盖税务专用章，也不需要由财政部门统一印制。

2. 原始凭证按格式的不同可以分为通用凭证和专用凭证

(1)通用凭证由有关部门统一印制，具有统一的格式、使用方法，并有一定的使用范围。如税务部门统一印制的增值税专用发票，人民银行统一印制的支票、本票、汇票等。

(2)专用凭证是由单位自行印制，仅在本单位内部使用的原始凭证，如领料单、限额领料单、发出材料汇总表、折旧计算表等。

3. 按填制手续和内容的不同可以分为一次凭证、累计凭证和汇总凭证

(1)一次凭证是指一次性填完所有内容，一次性完成各项手续的原始凭证。如：增值税专用发票、银行结算凭证、产品入库单等。

(2)累计凭证是指一定时期内多次连续记录若干项同类经济业务的原始凭证。如限额领料单、累计销售凭证等。限额领料单样式见图5-1。

限额领料单

领料部门：装配车间　　　　材料类别：黑色金属

用　　途：生产铁制家具　　2020年10月　　发料仓库：4号仓库

材料编号	材料名称	规格	计量单位	本月领用限额数量	实际领用			备注
					数量	单价	金额	
01206	圆钢	18mm	kg	3 600	3 600	2.80	10 080.00	

日期	领料			退库			限额结余数量
	数量	领料人签章	发料人签章	数量	收料人签章	退料人签章	
10/4	700	张科	宋东河				2 900
10/9	800	张科	宋东河				2 100
10/15	900	张科	宋东河				1 200
10/22	600	张科	宋东河				600
10/27	400	张科	宋东河				200
10/30	200	张科	宋东河				0
合计	3 600						0

财务核算联

生产部门负责人：刘美艺　　供应部门负责人：卓胜进　　仓库负责人：留心钢

图5-1　限额领料单

(3)汇总凭证是根据一定时期内反映同类经济业务的若干张原始凭证，按一定的标准汇总编制而成的原始凭证。如发出材料汇总表、差旅费报销单、销售日报等。

三、原始凭证的填制

(一)原始凭证填制要求

1. 真实可靠

原始凭证所有项目都要如实填写。金额写错，开票单位要重开；其他项目写错，可重开也可更正，如更正，开票单位要在更正处加盖开票单位的印章，以证明更正的真实性。

原始凭证一般都要连续编号，以备检查。对事先编号的重要单据，作废时要加盖“作废”戳记，连同存根一起保存，不得随意弃毁。

2. 内容完整

原始凭证里设计的项目，要填写完整，不得遗漏或简略。虽然原始凭证种类繁多，但应具备基本内容。

原始凭证的基本内容有：①原始凭证的名称及编号。②填制原始凭证的日期。③接受原始凭证的单位（或个人）名称。④经济业务的内容、数量、计量单位、单价、金额。⑤填制原始凭证的单位（或填制人）名称。⑥经办人及有关责任人员的签名或者盖章。

增值税专用发票的基本内容如图 5-2 所示。

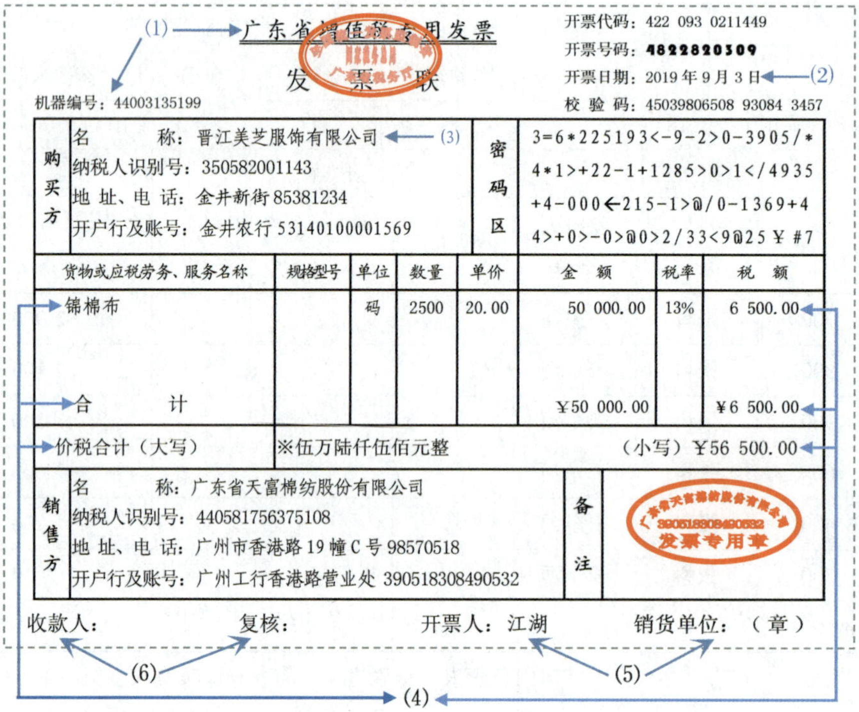

图 5-2 增值税专用发票的基本内容

3. 填制及时

（1）在经济业务发生、完成时就要取得、填制。

（2）要在规定时间内按规定程序将原始凭证传递给财务部门及其他有关部门，以保证会计核算及时进行。

4. 填写规范

（1）使用蓝黑墨水笔或特殊水笔书写。

（2）文字工整，易于辨认，不得乱涂乱改，填写错误由开票方按规定进行更正或重开。

（3）大小写数字要规范，大小写金额要一致。

（4）两联或两联以上的凭证必须把握书写力度，使字迹能清晰复写至底联。

（二）增值税专用发票的填制

增值税专用发票是会计核算最重要的原始凭证之一。现在已没有手写的增值税专用发票，全是机打版。对于增值税专用发票的开具，国家有严格的规定：

（1）必须在经济业务发生并确认营业收入时才能开具增值税专用发票。

（2）单位和个人不得给他人代开发票。

（3）单位和个人不得自行扩大增值税专用发票的使用范围。

（4）一张发票只能是一种税率，最多开 8 行商品，商品单价是不含税的。

（5）当月开具的发票可以作废，隔月开具的发票和已报税的发票只能用红字冲销。

初试身手

购货单位美芝服饰公司的有关资料见图 5-2；销货单位江苏吴江恒宇有限公司的有关资料如下：纳税人识别号：320584722206414；地址：吴江市大通路 12 号；电话：0512-63511830；开户行及账号：吴江市农行大通分理处 98010698113；开票日期 2019 年 12 月 4 日，吴江恒宇有限公司向美芝服饰公司出售锦棉布 20 000 码，不含税单价 9.711 元/码，增值税税率 13% 。

请学生以恒宇公司开票人叶瑜的身份，开具一份增值税专用发票如图 5-3 所示。

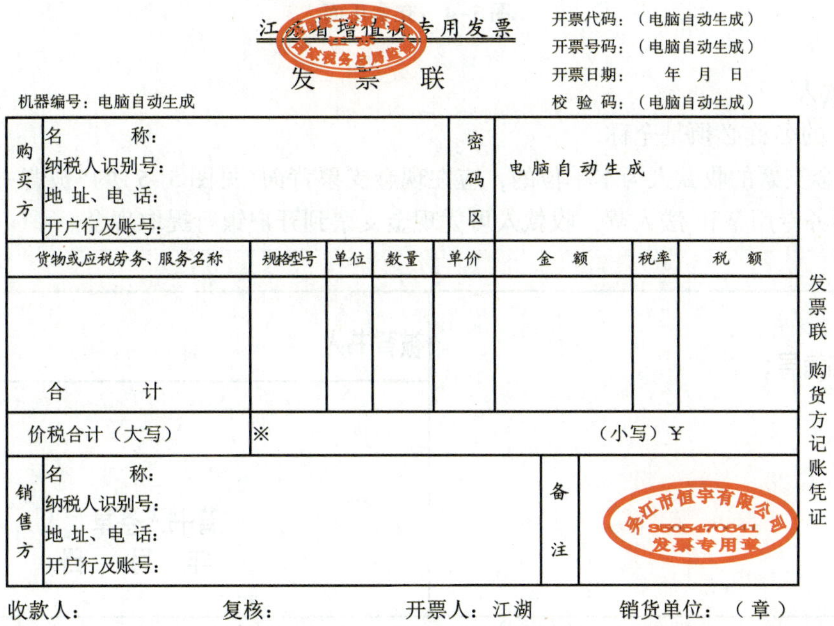

江苏省增值税专用发票

发　票　联

开票代码：（电脑自动生成）
开票号码：（电脑自动生成）
开票日期：　　年　月　日
校 验 码：（电脑自动生成）

机器编号：电脑自动生成

购买方	名　　称： 纳税人识别号： 地 址、电 话： 开户行及账号：			密码区	电脑自动生成		
货物或应税劳务、服务名称	规格型号	单位	数量	单价	金　额	税率	税　额
合　　计							
价税合计（大写）	※				（小写）￥		
销售方	名　　称： 纳税人识别号： 地 址、电 话： 开户行及账号：			备注			

发票联　购货方记账凭证

收款人：　　　复核：　　　开票人：江湖　　　销货单位：（章）

图 5-3　空白增值税专用发票

(三)支票的填制

支票是企业常用单据，也是会计核算最重要的原始凭证之一，签发和接收支票有许多规定，财务人员在工作中如果不遵守这些规定，支票就得作废。

1. 出票人与付款行

出票人要在支票的正面加盖财务专用章和法人章(见图5-4)，缺一不可，印泥为红色，印章要清晰，印章模糊的支票要作废。

付款行名称是出票人开户行的名称，出票人账号是出票人的银行账号(见图5-4)。

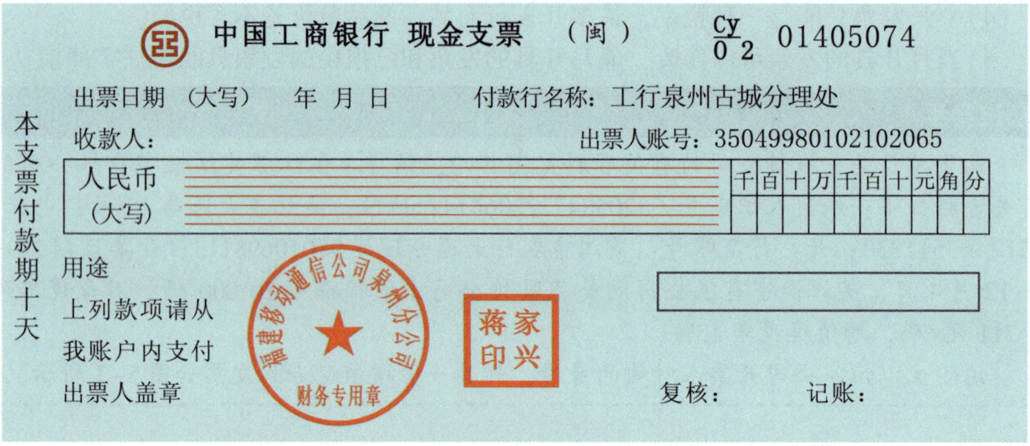

图5-4 支票正面

2. 收款人

收款人的名称必须是全称。

(1)现金支票的收款人为本单位的，应在现金支票背面(见图5-5)的“被背书人”栏内加盖本单位财务专用章和 法人章，收款人可凭现金支票到开户银行提取现金。

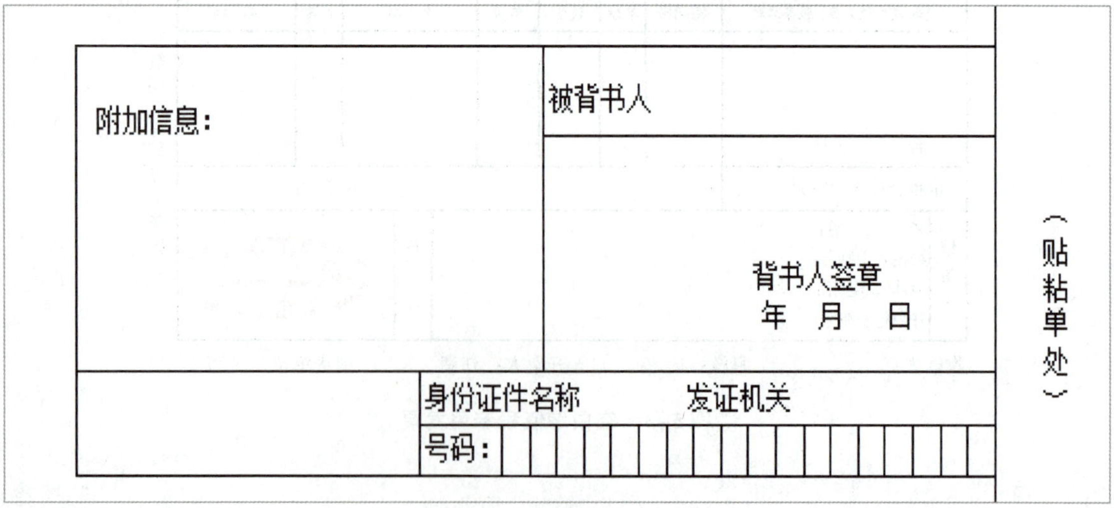

图5-5 支票背面

（2）现金支票的收款人是个人的，现金支票背面（见图 5–5）不盖任何章，收款人在现金支票背面填写身份证号码和发证机关名称，凭身份证和现金支票签字领款。

（3）转账支票收款人是对方单位，转账支票背面本单位不盖章，收款单位取得支票后，在背面被背书栏内盖收款单位 财务专用章和法人章，填好银行进账单（见图 5–6），将进账单、支票一并交给收款单位的开户银行委托银行收款。

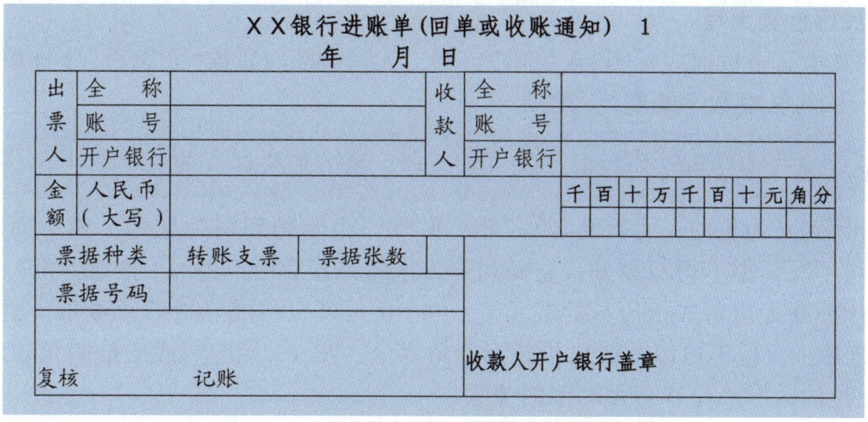

X X银行进账单（回单或收账通知）　1

年　　月　　日

出票人	全　称		收款人	全　称	
	账　号			账　号	
	开户银行			开户银行	
金额	人民币（大写）				千 百 十 万 千 百 十 元 角 分
票据种类	转账支票	票据张数			
票据号码					
复核　　记账			收款人开户银行盖章		

图 5–6　银行进账单

3. 支票日期

支票存根联的出票日期用小写，支票正面的出票日期要大写，大小写金额要一致。

（1）大写日期前要加“零”的有：1 月、2 月、10 月；1～10 日、20 日、30 日。如：1 月大写的规范写法是“零壹月”；20 日大写的规范写法是“零贰拾日”。

（2）在 10～19 的大写中，壹不能省略：如：15 日不能写成“拾伍日”要写成“壹拾伍日”；12 月不能写成“拾贰月”要写成“壹拾贰月”。

例：福建移动通信公司泉州分公司 2020 年 1 月 10 日开出一张现金支票，其支票正面的大写日期如图 5–7 所示。

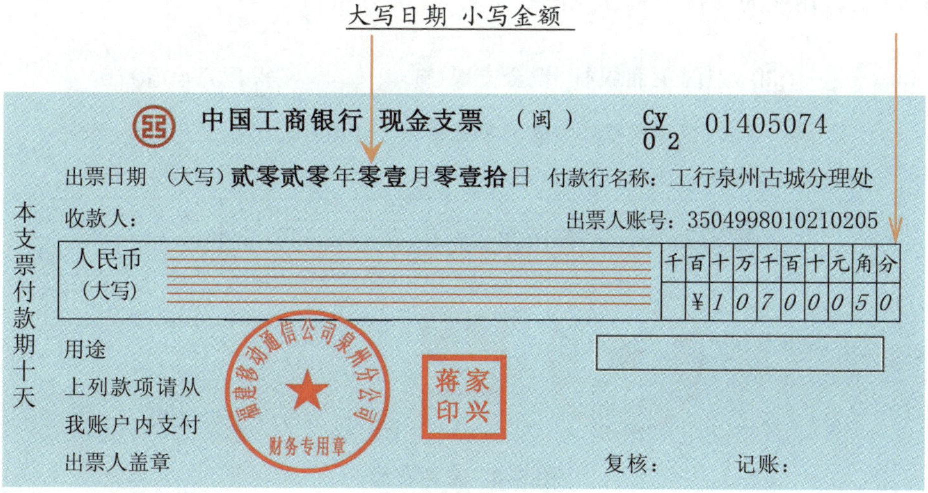

图 5–7　支票正面

4. 小写金额

小写金额前要加货币符号，如壹仟元人民币，要写成￥1 000.00；壹仟元美元要写成US＄1 000.00；壹仟元港币要写成HK＄1 000.00。

例：福建移动通信公司泉州分公司2020年1月10日开出一张现金支票，从银行提取现金107 000.50元，其支票正面小写金额如图5-7所示。

5. 人民币金额大写

(1)中文大写金额前应标明“人民币”字样，大写金额应紧挨“人民币”字样填写，不得留有空白，大写金额数字的规范写法是：

零、壹、贰、叁、肆、伍、陆、柒、捌、玖、拾、佰、仟、万、亿

(2)金额到元为止的，元后面必写“整”或“正”；金额到角为止的，角后面的“整”或“正”可写可不写，但不得写零分；金额到分为止的，分后面不得写“整”或“正”。

如：532.00元应写成伍佰叁拾贰元整；94.10元可以写成玖拾肆元壹角，也可以写成玖拾肆元壹角正，但不可以写成玖拾肆元壹角零分；78.66元应写成柒拾捌元陆角陆分。

(3)阿拉伯数字小写0与大写零的关系。

★小写中间连续几个0，大写只写一个零，如14009.50元，应写成人民币壹万肆仟零玖元伍角整；

★阿拉伯数字角位是0，分位不是，大写时，元后面应写零，如：3008.03元，应写成人民币叁仟零捌元零叁分。

★阿拉伯数字万位、元位是0，但千位、角位不是0的，零可写可不写。小写金额107 000.50元，大写金额该怎么写呢？见图5-8。

6. 支票用途

现金支票的用途有一定的限制，一般填写“备用金”“差旅费”“工资”“劳务费”等；转账支票的用途没有具体规定，可以填写如“货款”“代理费”等。

福建移动通信公司泉州分公司2020年1月10日开出一张现金支票，提现人民币107 000.50元，用途为支付工资，见图5-8。

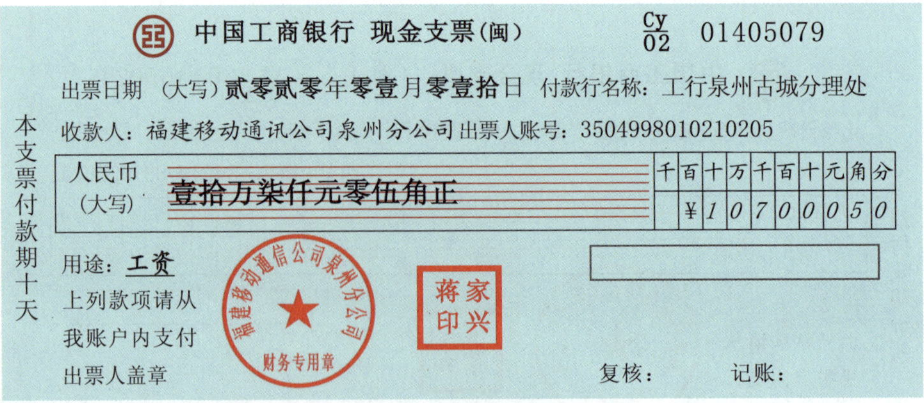
中国工商银行 现金支票(闽) Cy 02 01405079

出票日期 (大写) 贰零贰零年零壹月零壹拾日 付款行名称：工行泉州古城分理处

收款人：福建移动通讯公司泉州分公司 出票人账号：3504998010210205

本支票付款期十天

人民币(大写)	千	百	十	万	千	百	十	元	角	分
壹拾万柒仟元零伍角正		￥	1	0	7	0	0	0	5	0

用途：工资

上列款项请从我账户内支付

出票人盖章

复核： 记账：

图5-8 支票正面

初试身手

1. 人民币 107 000.50 元的中文大写，除了图 5-8 中写法外，还有几种写法。

2. 根据图 5-8 提供的资料，在图 5-9 中填写福建移动通信公司泉州分公司 2020 年 1 月 10 日提取现金的支票存根联。(公司会计：刘通才)

3. 图 5-7 的背面有哪些栏目，要完成哪些手续，这张支票才可提现。

中国工商银行(闽)

现金支票存根

Cy/02　01405079

附加信息

出票日期　　年　　月　　日

收款人：
金额：
用途：

单位主管：　　　会计：

图 5-9　支票存根联

(四)存货收发单据的填制

1. 收料单的填制

收料单一式三份，第一联仓库留存，第二联采购员留存，第三联财务部门作为会计核算的依据，采购员、检验员、保管员都要在收料单上签字，无签章或签章不全的收料单不能作为记账的依据。

一般情况下，收料单由仓库保管员(或采购员)和会计共同完成，仓管(或采购员)填写的项目和会计填写的项目详见图 5-10。

收　料　单

供应单位：　　　　年　月　日　　　　收料仓库：

发票号码：　　　　　　　　　　　　收料单编号：

编号	类别	名称	规格	单位	数量		实际成本				备注
					应收	实收	买价		采购费用	合计	
							单价	金额			

采购员：　　　　检验员：　　　　记账员：　　　　保管员：

图 5-10　空白收料单

图 5-10 中，粗框外项目由仓库管理员填写，粗框内“实际成本”项目由会计填写。也可以只在财务联上填写“实际成本”项目，其他联都空着不填。

初试身手

2019 年 10 月 10 日，福建安溪铁哥们家具厂采购员肖南北从唐山钢铁厂购进规格为 18mm 的圆钢 800kg，单价 2.5 元/kg（发票号码：03752934），经检验员王可检验合格后，由 4 号仓库保管员唐明明负责入库，收料单编号 01810049。该批圆钢运费 240 元，没有其他采购费用，圆钢编号 01206，属黑色金属类，请在图 5-10 上，先以仓管身份填制框外项目，再以会计身份填制框内项目。

2. 领料单的填制

领料单共一式四联。第一联领料部门存根备查；第二联会计部门作为出库材料的核算依据；第三联仓库保管作为登记“材料保管明细账”的依据；第四联业务部门作为物资供应统计的依据。领料人、发料人和部门负责人均要在领料单上签字，无签章或签章不全的领料单不能作为记账的依据。

一般情况下，领料单由车间领料员和会计共同完成，车间经办人员填写的项目和会计填写的项目详见图 5-11。

图 5-11 中，粗框外项目由车间领料员填写，粗框内“实际成本”项目由会计填写。也可以只在财务联上填写“实际成本”项目，其他联都空着不填。

领　料　单

发料仓库：年　月　日　　　　领料单编号：02018105

编号	类别	品名规格	单位	数　量		实 际 成 本	
				请领	实领	单价	金额
合　计							
用　途				领料部门		发料部门	
				负责人	领料人	负责人	发料人

图 5-11　空白领料单

初试身手

2019 年 10 月，著成服饰生产男童套装 17 000 件，5 日领用辅料（类别），其中，拉链（编号 B01）34 000 米，商标（编号 B03）17 000 枚、纽扣（编号 B05）51 000 粒。辅料存放在二号仓库，仓库负责人是刘天守，发料人是王华佳；车间负责人是吴品、领料人是任文意。

请在图 5-11 中，先以经办人身份填制框外项目，再以会计身份填制框内项目，其中会计采用一定的计算方法，根据“物资明细账”等资料，确定发出拉链单价为 0.85 元，发出商标单价为 0.18 元，发出纽扣单价为 0.13 元。

3. 产品入库单的填制

“产品入库单”一式三份，第一联车间留存；第二联保管员作为登记“商品保管明细账”的依据；第三联财务部门作为会计核算的依据，车间交库员、检验员、保管员都要在“产品入库单”上签字，无签章或签章不全的“产品入库单”不能作为记账的依据。

一般情况下，“产品入库单”由生产车间和会计共同完成，车间入库员填写的项目和会计填写的项目详见图5-12。

产品入库单

收存仓库：　　　　　　　　年　　月　　日　　　　　　入库单编号：02018105

产品编号	产品类别	品名规格	单位	数量	单位成本	总成本									
						千	百	十	万	千	百	十	元	角	分
合　　计															

交库员：　　　　　检质员：　　　　　记账员：　　　　　保管员：

图5-12　空白产品入库单

图5-12中，粗框外项目由交库员填写，粗框内的“单位成本”“总成本”项目由会计填写。也可以只在财务联上填写“单位成本”和“总成本”等项目，其他联都空着不填。

初试身手

2019年9月8日，厦门天美科技第一生产车间完工平板电脑5 000台，质检部派质检员郑重其负责检验，合格后由入库员王成送三号仓库收存，三号仓库的保管员刘承瘦验收后全部入库。平板电脑在该企业被归入电子产品类，编号A001。

请在图5-12中，先以入库员的身份填制框外项目，再以会计的身份填制框内项目，其中会计采用一定的方法，根据有关资料，计算出本批平板电脑的单位生产成本为825元。

四、原始凭证的审核

（一）原始凭证审核的内容

1. 合法性审核

（1）原始凭证本身的印章是否与单据的种类相符合。比如增值税专用发票、普通发票上是否有“税务专用章”，行政事业单位收费发票上是否有“财政部门监制章”。

（2）发票联是否加盖开票单位（或者销售单位）的“发票专用章”，来自个人是否有填制人员的签名或盖章。

(3)自制原始凭证是否有经办单位领导人或其指定人员的签名或盖章。

(4)对外开出的原始凭证，其发票联是否加盖本单位的“发票专用章”。

(5)发票呈现的业务是否以合同为依据。

(6)上级部门批准的经济业务是否有上级部门的批准文件。

2. 真实性审核

(1)购买实物的原始凭证，是否有验收证明。

(2)支付款项的原始凭证，是否有收款单位或收款人的收款证明。

(3)发生销售退回时，退货发票是否附有退货验收证明。

(4)原始凭证上呈现的经济业务发生时间、地点、内容和实际情况是否一致。

(5)原始凭证记载的各项内容是否有涂改的痕迹。

3. 完整性审核

(1)原始凭证上的每个项目是否都有填列，填列是否完整。

(2)原始凭证上的开票人、经办人、经手人或责任人有无遗漏签名或盖章的。

(3)一式多联的发票，是否注明各联的用途(只能以一联作为报销凭证)。

(4)作废的原始凭证是否加盖“作废”戳记，并同存根联一并保存。

(5)收回职工所借款项时，是否另开收据或退还收据副本(不得退还原借款收据)。

4. 正确性(或说准确性)审核

(1)原始凭证的签字或盖章是否签在或盖在正确的位置。

(2)原始凭证的属地、职能是否与加盖的印章相吻合。

(3)原始凭证的内容描述是否准确。

(4)原始凭证的数量是否正确，单价是否正确，金额有无算错，大小写金额是否相符。

(二)原始凭证审核的案例展示

2019 年 5 月 8 日，著成服饰经理办公室职员肖向前因公出差，预借差旅费 3 000 元，出纳审核了借款单(见图 5-13)后，以现金付讫，并将借款单转交给稽核员李某。

借 款 单

日期：2019 年5月8日　　NO:17050815

借款单位或部门：经理办公室（著成服饰）	借款人：肖向前
借款理由：预借差旅费	
借款数额：人民币（大写）叁仟元整	￥3 000.00
单位负责人：同意预借	会计主管：
出　纳：黄洋洋	借款人（签章）：肖向前

图 5-13　借款单

李某审核后，发现该“借款单”存在以下问题：

(1)单位负责人有签署意见，但未盖章。

(2)大写的叁字写错，写成“参”字。

(3)出纳没有加盖“现金付讫”章。

(4)会计主管也未盖章，说明该借款人报销前，没有将借款单提交会计审核。

初试身手

2019 年 10 月 18 日，大风制衣厂车间职员刘和刚(车间负责人刘匠新)将规格为 180/96A，经检验合格的男式夹克 800 件(送检产品全部合格、质检员朱元元)和规格为 175/95B，经检验合格的男式皮衣 500 件(送检产品全部全格、质检员朱元元)送交 1 号仓库，保管员林杰验收无误后将产品存放在仓库指定位置。刘和刚开出“产品交库单”如图 5-14 所示，并将财务联送交到财务科。

请审核该单据，看是否有问题？都有哪些问题？

产品交库单

交库部门：生产车间　　　　2019 年 10 月 18 日

收存仓库：　　　　　　　　　　　　编号：902028

产品名称	规格	单位	送检数量	检验结果		实收数量	备注
				合格	不合格		
男式茄克		件				800	
男式皮衣		件				500	

检验员：　　保管员：　　车间负责人：　　制单：刘和刚

图 5-14　练习用产品交库单

特别说明：图 5-14 和图 5-12 的格式不一样，是因为“产品交库单”属于自制原始凭证，所以每个企业可以根据自身特点或管理需要来设置单据格式，不同企业间同类自制单据格式不一样是属于正常现象。

(三)原始凭证审核结果的处理

(1)对不真实不合法的原始凭证，财务部门不予受理，并向单位负责人报告。

(2)对真实合法但内容不完整，填写有错误的原始凭证，退回经办人，如果是手续不齐全的补齐手续，如果是单据有错误的，由经办人要求原开票单位重开或更正。

任务完成

通过学习，同学们了解了原始凭证的基本内容、填写要求和方法、审核内容及对审核结果的处理等，并填制了一些常用的单据，如增值税专用发票、领料单、入库单等，原始凭证的学习是一个过程，重在练习，只有多填多读多审单据，才能将本节知识内化成内在技能。

子项目2 记账凭证

学习任务

通过学习，同学们能熟悉记账凭证的种类、记账凭证的基本内容和填制方法，既可以根据文字描述的经济业务填制记账凭证，也可以根据原始凭证填制记账凭证。还能够根据企业的经济业务类型选择适合的记账凭证，并能审核记账凭证的填制是否正确。

知识准备

记账凭证又称凭单，是会计根据审核无误的原始凭证或汇总原始凭证填制的，具有一定的格式，载有会计分录，可作为记账直接依据的书面证明。

记账凭证按**填列方式的不同**可分为**复式记账凭证**和**单式记账凭证**。本节所讲的会计凭证是复式凭证。

记账凭证**按内容的不同**可以分为**收款凭证**、**付款凭证**和**转账凭证**。

记账凭证**按用途的不同**可以分为**专用凭证(即收、付、转凭证)**和**通用凭证**。

一、记账凭证的基本内容

无论是专用凭证还是通用凭证，记账凭证的基本内容都是相同的，记账凭证的基本内容详见图5-15。

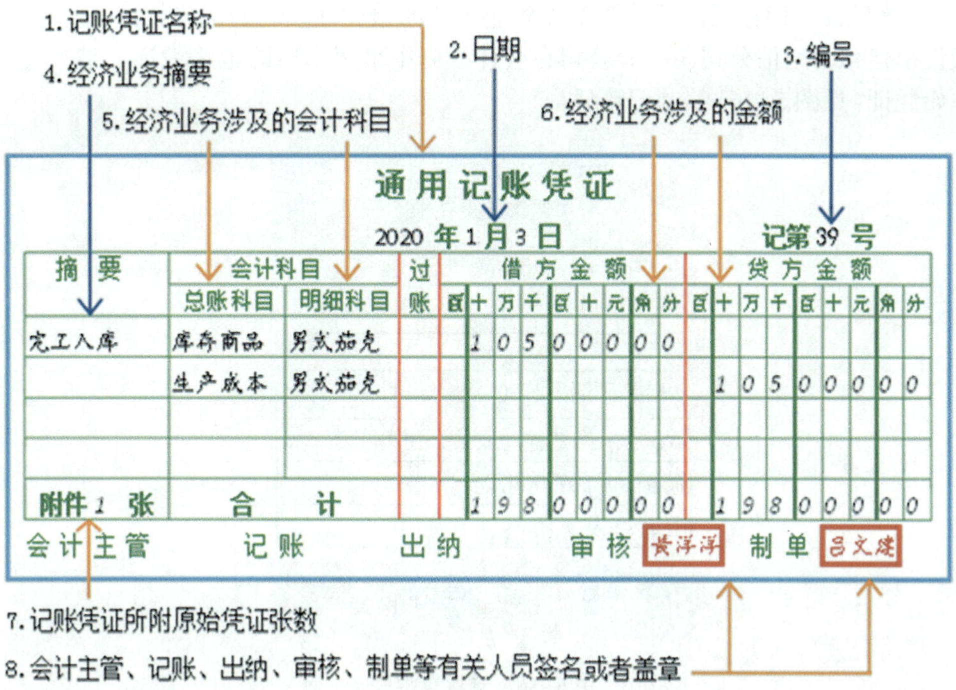

图 5-15　通用记账凭证

说明：本张记账凭证不涉及货币资金业务，出纳不用签名或盖章，因为还没记账，记账员也不用签名或盖章，凭证还没走完全部工作流程，会计主管也就没有在上面签名或盖章。

二、记账凭证的填制

1. 审核原始凭证

记账凭证必须根据审核无误的原始凭证填制，记账凭证的填制依据如下。

(1) 可以是一张原始凭证，如根据提取现金业务的现金支票存根编制记账凭证。

(2) 可以是若干张不同类型但有业务关联的原始凭证，如根据某采购业务产生的增值税专用发票、结算凭证、收料单等三张原始凭证编制一张记账凭证。

(3) 可以是若干张同类原始凭证，如根据两张同类型的“发料单”编制一张记账凭证。

(4) 可以是原始凭证汇总表，如根据“发出材料汇总表”编制一张记账凭证。

特别提醒：**期末结账**和**更正错账**的记账凭证可以没有原始凭证为依据，但会计主管人员必须在这些记账凭证上签章加以证明，然后才能作为登记账簿的依据。

2. 确定采用何种记账凭证

如果企业确定采用通用记账凭证，格式见图 5-15，那么该企业所有的经济业务事项都编制通用的记账凭证，如果确定采用专用凭证，还要根据具体经济业务，确定是采用收款凭证，还是采用付款凭证，或者采用转证凭证。

(1) 收款凭证，根据反映库存现金、银行存款的收款业务的原始凭证填制的记账凭证。

(2) 付款凭证，根据反映库存现金、银行存款的付款业务的原始凭证填制的记账凭证。

(3)转账凭证，根据反映货币资金以外业务的原始凭证填制的记账凭证。

假设福建移动通信公司泉州分公司在会计核算中采用专用的记账凭证，请根据审核无误的原始凭证(见图 5-16)编制记账凭证。

中国工商银行(闽)

现金支票存根

Cy/02 01405079

附加信息

出票日期 2020 年 1 月 10 日

收款人：福建移动通信公司泉州分公司
金额：¥107 000.50
用途：发工资

单位主管：蒋家印兴 会计：刘通才

图 5-16 支票存根联

图 5-16 是企业向开户银行提取现金的现金支票存根联，应当编制的记账凭证是付款凭证，如图 5-17 所示。

付 款 凭 证

总第 18 号

付第 06 号

贷方科目：银行存款 2020 年 1 月 10 日

摘要	借方科目		过账	金额									
	总账科目	明细科目		千	百	十	万	千	百	十	元	角	分
提取现金，备发工资	库存现金	人民币				1	0	7	0	0	0	0	0
附件 1 张	合计				¥	1	0	7	0	0	0	0	0

会计主管 记账 出纳 李丽珍 审核 刘通才 制单 陈子平

图 5-17 付款凭证

特别说明：涉及库存现金和银行存款间或在不同银行间划转企业存款的经济业务，编制记账凭证时，只填写一张付款凭证。

3. 记账凭证上的日期

记账凭证上的日期就是填制记账凭证当天的日期，也可以根据管理需要，填写经济业务发生的日期或者月末日期，具体举例如下：

(1)报销差旅费的记账凭证应填写报销当日的日期。

(2)现金收(付)款业务的记账凭证，应填写办理现金收(付)款业务的日期。

(3)银行收款业务的记账凭证应填写收到银行进账单或银行回执戳记的日期；若收到进账单的日期与银行戳记相隔较远，或次月初收到上月银行收款凭证的，填写实际转账日期。

(4)银行付款业务的记账凭证一般以财会部门开出银行付款单据(或承付)的日期填写。

业务示范：以图 5-16 的原始凭证为例，见图 5-17 上记账凭证的日期。

(5)计提和分配费用等账转业务的记账凭证，以月末最后日期填写。

4. 填写记账凭证的编号

为了防止凭证丢失、便于登记账簿和证账核对，记账凭证必须按月顺序、连续编号，而且是一张凭证一个号，不跳号也不重号。

(1)通用记账凭证，按填制记账凭证的顺序，从 1 号开始顺序编号，至本月最后一张记账凭证第×号止，同时要在本月最后一张记账凭证编号旁边注明“全”字，表示本月编制的记账凭证至此全部结束，专用凭证的最后一张记账凭证编号旁边也一样要注明“全”字。

(2)专用记账凭证，要编“总号”，以统计全部凭证的数量，总号的编法和通用记账凭证的编号方法相同。专用记账凭证除了编总号，还得分类编号，分类编号方法有两种：

第一种是三类编号，分“收”“付”“转”三类进行编号，其编号分别是“收第×号”“付第×号”和“转第×号”。

第二种是五类编号，分“现收”“银收”“现付”“银付”“转”五类进行编号，其编号分别是“现收第×号”“银收第×号”“现付第×号”“银付第×号”“转第×号”。

假设福建移动通信公司泉州分公司采用三类编号法，如果图 5-16 表现的是该企业当月第 6 笔付款业务，在总业务中属于第 18 笔经济业务，则其编号应如图 5-18 所示。

(3)分数编号法，对涉及多张记账凭证的经济业务，在其编号后面以分数形式，表示该项经济业务所填记账凭证的张数，如某企业第 10 项经济业务，其记账凭证的编号是 10，但该项业务涉及两张记账凭证时，则两张记账凭证的编号分别是“$10\frac{1}{2}$”“$10\frac{2}{2}$”。

付款凭证

总第 18 号
付第 06 号

贷方科目：银行存款　　　　2020年 1月 10日

摘要	借方科目		过账	金额									
	总账科目	明细科目		千	百	十	万	千	百	十	元	角	分
提取现金，备发工资	库存现金	人民币	✓			1	0	7	0	0	0	0	0
附件 1 张	合　　计				¥	1	0	7	0	0	0	0	0

会计主管：刘通才　记账：陈子平　出纳：李丽珍　审核：刘通才　制单：陈子平

图 5-18　付款凭证

5. 摘要的填写

(1)摘要的填写首先要真实准确，如实反映原始凭证记载的内容。

(2)其次要详略得当，对常规业务应当简明扼要，对特殊业务则可以表述得详细些。

(3)最后要完整清楚，如一项经济业务涉及两个以上总账科目的，应根据各总账科目的特点分别填写摘要。还有就是对同类经济业务，其摘要的表述应基本一致。

例如，福建移动通信公司泉州分公司的会计对该公司 2020 年 1 月 10 日提取现金业务的摘要描述如图 5-18 中的“摘要”栏所示。

其实该摘要还可以写得更简略些，如可以写成“提现、备发工资”，或者就写“提现”两个字也行。但需要提醒读者的是：在“摘要”栏空间足够时，尽量将摘要写得详细些。

6. 会计科目的填写以及借贷方向的确定

记账凭证上既要写总账科目也要写明细科目，但不需写借、贷两字。在收(付)款凭证中，将一个科目填入“借(贷)方科目”栏，其他科目自然是贷(借)方科目。

例如，福建移动通信公司泉州分公司编制 2020 年 1 月 10 日提现业务的付款凭证，将银行存款填到“贷方”科目栏中，则库存现金就是借方科目。(详见图 5-18)

如果是转账凭证或通用记账凭证，则将借方科目的金额直接填入“借方金额”栏，贷方科目的金额直接填入“贷方金额”栏(详见图 5-21)，也不必写借贷两字。

7. 填写金额栏的数字

(1)记账凭证的金额来源于原始凭证，要与原始凭证上的金额相符。

(2)金额应平行对准相应的会计科目栏次和借贷栏次，金额书写要规范。

(3)合计金额要借贷相等，双方的合计金额前都要加人民币符号“ ¥ ”，以示封顶。

(4)从最后一笔金额下的空行划斜线或“S”线到合计数上面的空行，注销凭证空白处。

例如，著成服饰会计编制报销差旅费(原始凭证见图 5-19、图 5-20)的记账凭证，其金额的编写如图 5-21 所示。

8. 附件张数的计算与填写

附件张数有两种算法：一种是按原始凭证的实际张数计算；另一种是分级计算，即将原始凭证汇总表作为记账凭证的附件张数，而原始凭证则作为原始凭证汇总表的附件张数。

例如：2020 年 2 月 3 日，著成服饰职员刘文贤报销差旅费，退回预借款，会计根据已审核的单据(见图 5-19、图 5-20)编制通用记账凭证，如图 5-21 所示。

收　款　收　据　　　　NO：8070306

日期：2020 年 2 月 3 日

收据联
付款单位或个人： 刘文贤
收款事由： 收回预借差旅费余款 260 元。（预借 1 000.00 元，报销 740 元）
金额（大写）： 人民币贰佰陆拾元整　现金收讫　¥ 260.00

收款单位:(章)　　　　出　纳：黄洋洋

图 5-19　收款收据

著成服饰差旅费报销单

部　门：行政　　　　填报日期：2020年 2 月 3 日

姓　名	刘文贤			出差地点	福州				出差日期	自 2020 年 2 月 1 日 至 2020 年 2 月 2 日		
事　由	参加福建服装行业协会 2020 年年会											
日　期		起讫地点		交通费用		住宿费用			出差补贴			杂　费
月	日	起	讫	类别	金额	日数	标准	金额	日数	标准	金额	市内交通
2	1	晋江	福州	大巴	90.00	1	300.00	300.00	2	80.00	160.00	100.00
2	2	福州	晋江	大巴	90.00							
							同意报销		成庄印著			
以上单据共 6 张，总计人民币（大写）柒佰肆拾元整　¥740.00												
主管	杨佳兴			审核	陈桦彬		填报	刘文贤		报销	刘文贤（签　名）	

图 5-20　差旅费报销单

通用记账凭证

2020 年 2 月 3 日　　　　记第 39 号

摘要	会计科目		过账	借方金额									贷方金额								
	总账科目	明细科目		百	十	万	千	百	十	元	角	分	百	十	万	千	百	十	元	角	分
报销差旅费	管理费用	差旅费						7	4	0	0	0									
退回余款	库存现金	人民币						2	6	0	0	0									
	其他应收款	刘文贤														1	0	0	0	0	0
附件 2 张	合　　计					¥	1	0	0	0	0	0			¥	1	0	0	0	0	0

会计主管:　　记账:　　出纳: 黄洋洋　　审核:　　制单: 吕文建

图 5-21　根据两张不同类型但有业务联系的原始凭证编制的记账凭证

在图 5-21 中，以图 5-19“收款收据”和图 5-20 的“差旅费报销单”为记账凭证的附件张数，因此填写 2 张，而车票、住宿发票等 6 张原始凭证则作为汇总原始凭证“差旅费报销单”的附件张数。如果以自然张数计算附件，则图 5-21 的附件张数应是 8 张。

当 1 张或几张原始凭证涉及几笔经济业务时，可将其附在主要经济业务的记账凭证后，并在摘要栏注明“本记账凭证的附件包括××号记账凭证的经济业务”，在次要经济业务的记账凭证上则注明“本经济业务的原始凭证附在××号记账凭证后面”。

9. 记账凭证的签章

制单员填制完记账凭证要签章；涉及收付款业务的出纳员要签章；审核完毕的审核员要签章；过完账的记账员要签章；会计主管最后把关，签章负责。图 5-18 的记账凭证完成了全部流程，签章全部完成，图 5-21 的记账凭证有部分流程未完成，只完成了部分签章。

会计电算化单位的机制记账凭证，在审核无误后，上述人员也要加盖印章或签字。

10. 对同时涉及收(付)款及转账业务的处理

某项业务同时涉及收(付)款及转账业务，如果企业是采用通用记账凭证，则无须特别处理，如根据图 5-19、图 5-20 呈现的原始凭证、编制图 5-21 的通用记账凭证。

如果企业采用专用记账凭证，则不能编制复合的记账凭证，要按原始凭证反映的内容，分别编制收(付)款凭证和转账凭证。

初试身手

以图 5-19、图 5-20 为例，假设该企业采用专用凭证编制记账凭证，请同学们以制单人的身份在图 5-22、图 5-23 上分别编制收款凭证和转账凭证。

补充资料：该笔收款业务是该企业当月收款业务的第 9 笔，总业务的第 39 笔，该笔转账业务是该企业当月转账业务的第 18 笔，总业务的第 40 笔。

收 款 凭 证

总第 号
收第 号

借方科目： 年 月 日

摘 要	贷方科目		过账	金 额									
	总账科目	明细科目		千	百	十	万	千	百	十	元	角	分
附件张	合	计											

会计主管： 记账： 出纳：黄洋洋 审核： 制单：

图 5-22 空白收款凭证

转 账 凭 证

总第 号
转第 号

年 月 日

摘 要	会计科目		过账	借方金额									贷方金额								
	总账科目	明细科目		百	十	万	千	百	十	元	角	分	百	十	万	千	百	十	元	角	分
附件张	合	计																			

会计主管： 记账： 审核： 制单：

图 5-23 空白转账凭证

特别说明：科目汇总表（或称记账凭证汇总表）也是一种记账凭证，后面章节有详述。

三、记账凭证的审核

记账凭证是登记账簿的直接依据，为了确保账簿记录的真实可靠，在登账之前必须指定专人对记账凭证进行认真的审核。

1. 审核要点

（1）期末结账、错账更正以外的记账凭证是否附有原始凭证，记账凭证上附件张数与原始凭证的实际张数是否相符。

（2）记账凭证上的摘要与原始凭证所反映的内容是否一致。

（3）记账凭证上的会计分录是否正确。

(4)记账凭证上的项目是否填制齐全，有关人员是否已按规定进行签名或盖章。

2. 具体业务

著成服饰会计2020年2月15日根据原始凭证(见图5-24)编制记账凭证(见图5-25)，公司指定专人对这张记账凭证进行了审核。

商业承兑汇票 3

出票日期贰零贰零年零贰月壹拾伍日　　票据号码第 0127 号

付款人	全称	福建著成服饰有限公司	收款人	全称	福建华信贸易有限公司
	账号	350125966124756		账号	682004051220513
	开户银行	晋江工行　行号		开户银行	农行　行号

汇票金额	人民币(大写)伍万捌仟伍佰元整	千	百	十	万	千	百	十	元	角	分
				¥	5	8	5	0	0	0	0

汇票到期日	贰零贰零年零伍月壹拾伍日	交易合同号码	031085
承兑　出票人盖章 福建著成服饰有限公司 88331234567899 发票专用章		备注： 用来抵付所欠的货款	

此联签发人留存

图5-24　商业承兑汇票

转账凭证

总第　号
转第　号

2020年2月15日

摘要	会计科目		过账	借方金额									贷方金额								
	总账科目	明细科目		百	十	万	千	百	十	元	角	分	百	十	万	千	百	十	元	角	分
抵付前欠货款	应付账款	华信贸易	✓				5	8	5	0	0	0									
开出商业汇票	应付票据	华信贸易														5	8	5	0	0	0
						¥	5	8	5	0	0	0			¥	5	8	5	0	0	0

图5-25　转账凭证

审核发现如下问题：①该记账凭证未编号。②该记账凭证未注明附件张数。③该记账凭证空白处没有划线注销。④还没有审核就先登账。

任务完成

通过学习，学生们了解了记账凭证的基本内容、填制方法及记账凭证的审核要点等，并填制了通用记账凭证、收款凭证、付款凭证及转账凭证等专用记账凭证。在学习中，学生们经常会根据文字编写会计分录，但实际工作中，记账凭证都是根据审核无误的原始凭证填制的。所以学生们要学会阅读原始凭证，并能在文字表达和单据之间建立起联系，可随时将原始凭证的内容转化成文字表达，也能随时将文字表达的题目以原始凭证来呈现。

记账凭证的学习是一个过程，而且重在练习，希望学生们多练习，练中学效果会更好。

子项目3 会计凭证的传递、装订和保管

学习任务

通过学习，学生们能熟悉会计凭证的传递路线、传递时间和传递手续，会计凭证装订与保管的有关规定，能够重视对会计凭证的保管，确保会计凭证的安全与完整。

知识准备

原始凭证是具有法律效力的书面文件，记账凭证是登记账簿的直接依据，所以会计人员应当重视会计凭证的传递、装订与保管，确保会计凭证的完整与安全。

一、会计凭证的传递

会计凭证的传递是指从取得和填制会计凭证开始，到会计凭证归档保管为止，会计凭证在有关部门和人员之间按规定的手续、时间和传递路线进行交接、处理的过程。

1. 传递手续

传递手续就是在传递过程中的交接手续，正常情况是交接双方都要签名或盖章，以证明交接行为已发生，保证会计凭证无论到哪一环节都有人负责。

2. 传递时间

传递时间是指各种会计凭证在各经办部门或经办人员手中停留的最长时间。正常情况下，一切会计凭证的传递和处理都应在当期完成，不得跨期，以免影响会计信息的及时性和可比性。

3. 传递路线

传递路线是指会计凭证流经各个环节及先后次序。正常情况下，路线必须经过所有的环节，凭证传递的先后次序要与业务的实际办理顺序相吻合，凭证跟着业务走，同时还要兼顾各环节的有机联系和相互监督。某企业差旅费报销流程如图 5-26 所示。

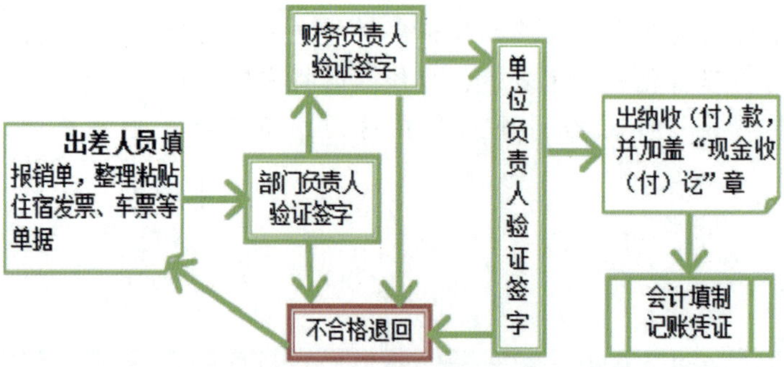

图 5-26　差旅费报销流程图

二、会计凭证的装订

会计凭证一般每月装订一次。

月度终了，记账凭证按编号顺序排列整齐，原始凭证或原始凭证汇总表，按记账凭证的大小，折叠一致，附在记账凭证后面。会计凭证整理清楚后，加具封面和封底，装订成册，在装订线上加盖封签。

数量过多或需要单独保管的原始凭证，也可以独立成册。

会计凭证的装订一般都用装订机进行装订，其装订步骤如图 5-27 所示。

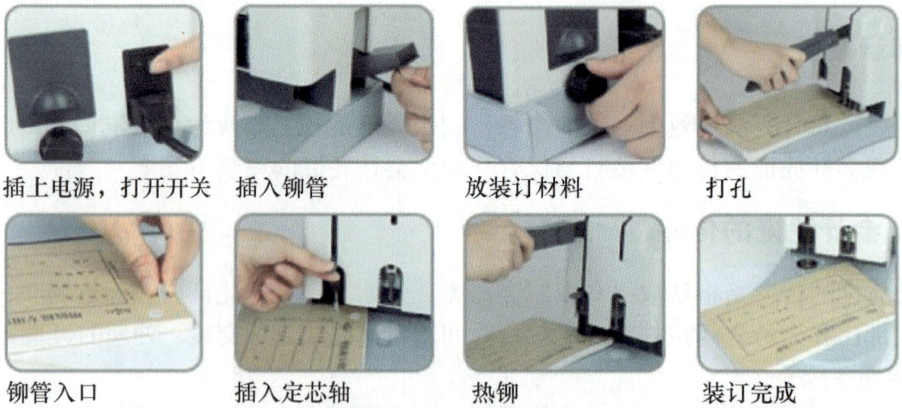

图 5-27　会计凭证装订程序

装订完毕的会计凭证应在封面上填写：单位名称、凭证种类、起止日期、凭证总册数及本册的册数、凭证号数等，财会主管、经办会计及装订人员均须在封面上盖章，其格式如图 5-28 所示。

三、会计凭证的保管

会计凭证的保管应按《会计档案管理办法》的规定执行。

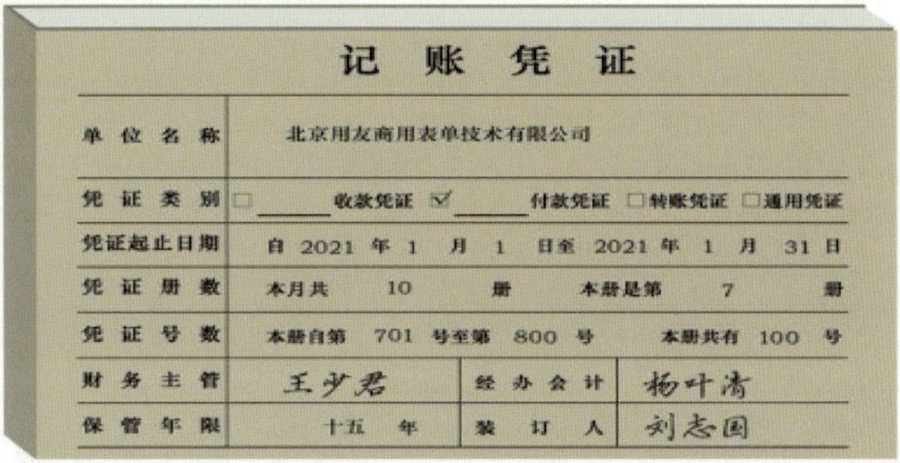

记　账　凭　证

单位名称	北京用友商用表单技术有限公司		
凭证类别	□＿＿收款凭证 ☑＿＿付款凭证 □转账凭证 □通用凭证		
凭证起止日期	自 2021 年 1 月 1 日至 2021 年 1 月 31 日		
凭证册数	本月共 10 册　本册是第 7 册		
凭证号数	本册自第 701 号至第 800 号　本册共有 100 号		
财务主管	王少君	经办会计	杨叶清
保管年限	十五 年	装订人	刘志国

图 5-28　装订完毕的记账凭证

1. 保管期限

当年形成的会计凭证，年度终了可由本单位财务部门(出纳不得保管会计凭证及其他会计档案)保管 1 年，期满之后，连同账簿、报表等其他会计档案移交档案部门保管。

从会计年度终了后的第一天算起，原始凭证、记账凭证的保管期限为 30 年，银行对账单和银行存款余额调节表的保管期限为 10 年。

2. 保管要求

会计凭证不得外借。经领导同意并且办理了相关手续后，可以查阅和复制，但不得拆封和抽换，也不得在会计凭证上涂涂画画。

会计凭证保管期满要依法销毁。由本单位档案部门会同会计机构提出销毁意见，编制销毁清册，单位负责人签署同意销毁的意见后依法销毁。

保管期满但未结清债权债务的原始凭证，保管期满但还在建设期间的建设项目原始凭证、其他未了事项的原始凭证均不得销毁。

任务完成

通过学习，学生们了解了会计凭证传递手续、传递时间、传递线路的含义，掌握了凭证装订过程，熟悉了会计凭证保管的相关规定。

优化会计凭证传递路线，严格会计凭证传递手续，规范会计凭证传递时间，对提高会计核算效率，提高会计核算信息质量具有重要作用。

会计凭证的装订属于实操业务，只有亲自动手操作才能领会知识，掌握技能。

只有依法保管，才能确保会计凭证的安全与完整。

项目六
会计账簿

学习目标

知识目标： 了解会计账簿的含义、分类，熟悉登账、对账、结账、查找错账的规则及方法，熟悉错账的类型及更正方法，熟悉账簿保管的有关规定。

能力目标： 能熟练登记各类账簿包括平行登记，能编制试算平衡表，能查找错账并按规定方法进行更正。

思政目标： 坚持不做假账，培养学生勇于认错、主动改正错误、避免再次犯错的精神品质。

子项目1 账簿概述

学习任务

通过学习，学生们能了解账簿的含义，知晓账簿的基本内容，能对账簿进行分类，并能根据账户的特点和管理需要选择适合的账簿。

知识准备

登记会计账簿是企业进行会计核算的重要方法，会计账簿记载和形成的会计信息是编制会计报表的直接依据。

一、会计账簿的含义

账簿是连续、系统、全面、综合地记录会计凭证所反映的经济业务的簿籍，由具有一定格式又相互联结的账页所组成，是企业会计资料的重要载体。

二、账簿的基本内容

1. 封面：登记账簿名称、记账单位名称。
2. 扉页：一般印有“账簿启用及交接表”。
3. 目录：扉页之后是账户的首页，通常是账户的目录。
4. 账页：账簿的主体部分，账页的格式是由账页上设置的账户决定的。

三、会计账簿的分类

1. 按用途分为序时(日记)账、分类账和备查账。
2. 按外表形式分为订本式、活页式和卡片式账簿。
3. 按账页格式分为三栏式、多栏式、数量金额式和横线登记(平行)式账簿。

四、账簿登记规则

1. 及时登记

库存现金日记账、银行存款日记账要按经济业务的发生顺序随时逐笔登记；债权债务明细账每天至少登记一次；其他明细账和总账的登账间隔时间视情况而定，但不得跨期。

2. 笔和墨水

使用钢笔或水笔登账，不得使用铅笔和圆珠笔(银行复写账簿除外)登账。

使用黑色或蓝黑色墨水笔登账，不用纯蓝色墨水笔登账。红色墨水笔在下列情况才可使用：

①画线。②根据红字凭证登账。③在只设借方栏或贷方栏的多栏式账簿中登记减少数。④未标明余额方向的三栏式账页，在余额栏内登记负数余额。⑤会计制度规定的其他情形。

3. 书写留空

账簿中的文字、数字不能写满格，一般占格距的1/2。

4. 结出余额

账簿的发生额是根据记账凭证登记的，余额是由记账人员根据账簿记录计算结出的。

资产类、成本类期末余额(一般在借方)= 期初余额+本期借方发生额-本期贷方发生额。

权益类期末余额(一般在贷方)= 期初余额+本期贷方发生额-本期借方发生额。

损益类账户年终结转后，期末无余额。

如果余额为零，应在"借或贷"栏内写"平"字，并在余额栏内用"Q"表示。

5. 过次承前

每一账页登记完毕结转下页时，应当算出本页发生额合计数，结出本页余额，写在本页最后一行和下页第一行的余额栏内，在摘要栏内分别写上"过次页"和"承前页"字样；也可将本页发生额合计数及余额只写在下页第一行有关栏内，在摘要栏注明"承前页"字样。

特别提醒：

(1)需要结计本月发生额的,"过次页"的本页合计数应从本月初算起到本页末结止。

(2)需要结计本年累计发生额的，"过次页"的本页合计数应从本年初算起到本页末结止。

(3)不需结计本月发生额，也不需结计本年累计发生额的，只将每页余额结转次页。

6. 失误补救

登账要求：内容准确、书写清楚、项目完整。若出现了失误，可采取下列补救措施：

(1)不慎跳行、隔页，将空行或空页划线注销或者注明"此行(页)空白"，并由记账人员在空白处签名或盖章；

(2)如果是书写有误，余额算错等情况，不得挖补，刮擦或消除，必须针对错账的具体内容，判断错误类型，采用规定的手续和方法进行错账更正。

7. 最后确认

登账完毕，应在相应的记账凭证上签名或盖章，并在记账凭证的过账处打"√"或注明账簿页数，表示已登记入账，防止重登、漏记。

任务完成

通过学习学生们基本知晓了账簿的含义及分类等，也初步掌握了根据账户的性质和管理选择相应的账簿。有的学生还对此列了一个表，现展示如下：

账簿名称	订本式(总账、日记账)	活页式(用于明细账)	卡片式
三栏式(借、贷、余三栏)账簿	总分类账账簿、库存现金及银行存款日记账账簿	应收(付)账款、预收(付)款等明细账	
多栏式(在借、贷栏下面分设若干专栏)账簿	现金(银行存款)日记账(少数企业采用多栏式)	制造费用、期间费用 应交税费、生产成本 本年利润等明细账	
数量金额式(在借、贷、余三栏下面再设数量、单价、金额三个小栏目)账簿		库存商品、原材料、包装物等明细账	固定资产、低值易耗品明细账；实物使用部门、保管部门的保管账
平行(横线登记)式账簿(在同一账页的同一行记录某一经济业务从发生到结束的有关内容)		其他应收(付)款 应收(付)账款 应收(付)票据 材料采购等明细账	

通过学习，学生们掌握了备查账一般采用活页式，账页无具体格式，各单位可自行设计。经营租入固定资产、已提足折旧继续使用的固定资产均在备查账中登记。请思考：为什么应收(付)票据在分类账登记了，还要再备查账登记呢？

应收(付)票据是企业的资产(负债)，应当在分类账中反映，会计还要设置“应收(付)票据”备查簿，登记每一商业汇票的种类、号数、出票日期、票面金额、票面利率、交易合同号，付款人、承兑人、背书人，到期日、背书转让和贴现等资料，以加强对商业汇票的管理。

子项目2 登记日记账

学习任务

通过学习，学生们了解了日记账的格式、内容，登记方法，能正确登记“库存现金日记账”和“银行存款日记账”，建议每位学生都购买一本日记账，对自己在学校的日常生活开支登记“库存现金日记账”或者“银行存款日记账”。

知识准备

日记账也称序时账，是以单笔经济业务为记录单位，按经济业务发生的先后，逐日逐笔进行登记的账簿。“库存现金(银行存款)日记账”是特种日记账，也是常用的日记账。

一、库存现金日记账登记

(一)概述

(1)账簿外表形式：订本式。

(2)账页格式：常用三栏式，有部分企业会用多栏式。

(3)记账人员：出纳人员。

(4)记账依据：库存现金收款凭证、库存现金付款凭证、银行存款付款凭证。

(5)记账方法：按单笔经济业务发生的先后顺序，逐日逐笔进行登记。

①日期栏：将记账凭证上的日期抄录过来。②凭证栏：登记记账凭证的种类和号数(也有只登记凭证号数的)。③摘要栏：将记账凭证中“库存现金”科目对应的摘要抄录过来，若账页空间与凭证空间不一致，或记账凭证“库存现金”科目没有对应摘要的，也可另外如实填写摘要。④对方科目栏：三栏式现金日记账一般不设此栏，多栏式现金日记账必设此栏。⑤金额栏：设“借方金额”“贷方金额”“余额”三个栏次，其中借方金额和贷方金额从记账凭证中“库存现金”科目对应的金额中直接抄录，每日终了根据账簿记录计算出当天余额，并与实际库存现金相核对(日清)。

(二)业务示范(以福建天步鞋业有限公司2020年1月份的现金业务为例)

(1)福建天步鞋业有限公司库存现金日记账的“账簿启用表”如图6-1所示。

账簿启用表				
公司名称	福建天步鞋业有限公司	单位负责人	盖章	印花税
账簿名称	库存现金日记账	周攀文	周攀印文	
账簿编号	第01号账簿	会计主管	盖章	
账簿册数	本年度第1册	卓 尔	卓 尔	
账簿页数	本账簿共计100页	记账人员	盖章	
启用日期	2020年1月1日	李秀明	李秀明	

经管本账簿人员一览表											
称交日期			移交人		接交日期			接交人		监交人	
年	月	日	签名	盖章	年	月	日	签名	盖章	签名	盖章

图6-1 账簿扉页

(2)福建天步鞋业有限公司“库存现金”日记账 2020 年 1 月 1 日 ~4 日(已登账)的账页如图 6-2 所示。

库存现金日记账

2020年 月	日	凭证号数	票据号数	摘要	借方金额	核对	贷方金额	余额
1	1			上年结转				210000
1	4	003	收费单 1020911	职工医药费		✓	80000	130000

注：出纳李秀明已经逐日逐笔登记完毕 1 月 1日~4 日的现金日记账；
稽核人员已经核对完毕并在核对处打“✓”。

图 6-2 现金日记账账页 1

(3)业务示范。

天步鞋业 2020 年 1 月 5 日发生一笔与现金相关的经济业务，已根据审核无误的原始凭证编制了记账凭证，如图 6-3、图 6-4 所示。

福建泉州商业零售小额发票（发票联）

客户：天步公司（车间用）　2020 年 1 月 5 日　NO: 01807435

品名	规格	单位	数量	单价	金额
万能表	50 型	个	1	85.00	8500
刀头	T546	kg	0.5	200.00	10000
		验收：庄二良			现金付讫
合计人民币（大写）零万零仟壹佰捌拾伍元零角零分					¥18500

企业盖章：　财务：　复核：　填票：陈程影

图 6-3 原始凭证

通用记账凭证

2020 年 1 月 5 日　记第 004 号

摘要	总账科目	明细科目	过账	借方金额	贷方金额
车间物料消耗	制造费用	物料消耗		18500	
付车间物料费	库存现金				18500
附件 1 张	合计			¥18500	¥18500

会计主管：　记账：　出纳：　审核：卓尔　制单：刘景明

图 6-4 通用记账凭证

登现金日记账操作演示：

(1)出纳根据审核无误的会计凭证(原始凭证或记账凭证)登记“现金日记账”，见图6–5。

库存现金日记账

2020年		凭证	票据	摘要	借方金额								核	贷方金额								余额							
月	日	号数	号数		十	万	千	百	十	元	角	分	对	十	万	千	百	十	元	角	分	十	万	千	百	十	元	角	分
1	1			上年结转																				2	1	0	0	0	0
1	4	003	收费单 1020911	职工医药费									√				8	0	0	0	0			1	3	0	0	0	0
1	5	004	零售发票 01807435	车间物料费													1	8	5	0	0			1	1	1	5	0	0

出纳登记2020年1月5日的现金日记账　　出纳计算当日现金余额

图6–5　现金日记账账页2

(2)登账完毕，出纳在记账凭证上和“库存现金”科目相对应的“过账”处打“√”，在“出纳”处盖出纳个人章，如图6–6所示。

通用记账凭证

2020年1月5日　　记第005号

摘要	会计科目		过	借方金额									贷方金额								
	总账科目	明细科目	账	百	十	万	千	百	十	元	角	分	百	十	万	千	百	十	元	角	分
车间物料消耗	制造费用	物料消耗						1	8	5	0	0									
付车间物料费	库存现金		√														1	8	5	0	0
附件1张	合计						¥	1	8	5	0	0				¥	1	8	5	0	0

会计主管：　记账：　出纳：李秀明　审核：卓尔　制单：刘景明

注：出纳在记账凭证上打“√”和“盖章”。

图6–6　通用记账凭证

(3)稽核人员核对完毕，在“库存现金日记账”的核对处打“√”，如图6–7所示。

库存现金日记账

2020年		凭证	票据	摘要	借方金额								核	贷方金额								余额							
月	日	号数	号数		十	万	千	百	十	元	角	分	对	十	万	千	百	十	元	角	分	十	万	千	百	十	元	角	分
1	1			上年结转																				2	1	0	0	0	0
1	4	003	收费单 1020911	职工医药费									√				8	0	0	0	0			1	3	0	0	0	0
1	5	004	零售发票 01807435	车间物料费									√				1	8	5	0	0			1	1	1	5	0	0

稽核人员对1月5日的现金登记业务核对无误后，在日记账的“核对”处打“√”

图6–7　现金日记账账页3

初试身手

请以出纳员的身份，根据审核无误的会计凭证如图 6-8 和图 6-9、图 6-10 和图 6-11 所示，在图 6-12 上登记“库存现金日记账”；同时以稽核人员的身份，对“库存现金日记账”的登记工作进行稽核。

天步鞋业借款单

日期：2020 年 1 月 6 日　　　　No:01805081

借款单位或部门：经理办公室	借款人：曾雄安
借款事由：预借差旅费	现金付讫
借款数额：人民币（大写）壹仟元整	¥1000.00
单位负责人：同意预借 周攀印文	会计主管：卓尔

图 6-8　天步鞋业借款单

通用记账凭证

2020 年 1 月 6 日　　　　记第 005 号

摘要	会计科目		过账	借方金额									贷方金额								
	总账科目	明细科目	账	百	十	万	千	百	十	元	角	分	百	十	万	千	百	十	元	角	分
预借差旅费	其他应收款	曾雄安					1	0	0	0	0	0									
支付借款	库存现金															1	0	0	0	0	0
附件 1 张	合计					¥	1	0	0	0	0	0			¥	1	0	0	0	0	0

会计主管：　　记账：　　出纳：　　审核：　　制单：刘景明

图 6-9　通用记账凭证

中国工商银行(闽)

现金支票存根

CY 02　01505098

附加信息

出票日期 2020年 1 月 7 日

收款人：福建天步鞋业有限公司
金额：¥2000.00
用途：备用

单位主管：周攀印文　会计：卓尔

图 6-10　支票存根

通用记账凭证

2020年1月7日　　记第006号

摘要	会计科目		过账	借方金额									贷方金额								
	总账科目	明细科目		百	十	万	千	百	十	元	角	分	百	十	万	千	百	十	元	角	分
提取现金	库存现金						2	0	0	0	0	0									
提取现金	银行存款	工行														2	0	0	0	0	0
附件1张	合计					¥	2	0	0	0	0	0			¥	2	0	0	0	0	0

会计主管:　　记账:　　出纳:　　审核:　　制单:

图6-11　通用记账凭证

库存现金日记账

2020年		凭证号数	票据号数	摘要	借方金额								核对	贷方金额								余额							
月	日				十	万	千	百	十	元	角	分		十	万	千	百	十	元	角	分	十	万	千	百	十	元	角	分
1	1			上年结转																				2	1	0	0	0	0
1	4	003	收费单 1020911	职工医药费									√				8	0	0	0	0			1	3	0	0	0	0
1	5	004	零售发票 01807435	车间物料费									√				1	8	5	0	0			1	1	1	5	0	0

图6-12　现金日记账账页4

二、银行存款日记账的登记

概述

(1)账簿外表形式：订本式。

(2)账页格式：常用三栏式，少数企业会用多栏式。

(3)记账人员：出纳人员。

(4)记账依据：银行存款收款凭证、银行存款付款凭证、库存现金付款凭证。

(5)记账方法：采用三栏式账页，与库存现金日记账方法基本相同，最大不同的是“库存现金日记账”的“票据号数”栏变成了“结算凭证”栏(见图6-13)，“结算凭证”栏的“种类”小栏，一般登记支付方式的种类，如支票、银行汇票、委托收款、托收承付、汇兑等；“结算凭证”的“编号”小栏则登记支票、银行汇票等结算凭证上的号码。

美芝服饰有限公司2020年1月份的银行存款日记账(到1月20日止)，采用的是三栏式账页格式，其登记方法与“库存现金日记账(三栏式)”基本相同。

如果该企业采用多栏式日记账，则收到银行存款应登记“银行存款收入日记账”，如图6-14所示；付出银行存款应登记“银行存款支出日记账”，如图6-15所示。

银行存款日记账

2020年		凭证号数	摘要	结算凭证		借方金额								核对	贷方金额								余额							
月	日			种类	编号	十	万	千	百	十	元	角	分		十	万	千	百	十	元	角	分	十	万	千	百	十	元	角	分
1	1	(略)	期初余额	(略)	(略)																		2	5	0	0	0	0	0	0
1	4	(略)	借入款项	(略)	(略)	1	0	0	0	0	0	0	0	✓									3	5	0	0	0	0	0	0
1	7	(略)	付所得税	(略)	(略)											6	4	0	0	0	0	0	2	8	6	0	0	0	0	0
1	10	(略)	提现备发工资	支票	0150 5098										1	9	0	0	0	0	0	0		9	6	0	0	0	0	0
1	15	(略)	支付利息	(略)	(略)												6	0	0	0	0	0		9	0	0	0	0	0	0
1	20	(略)	销售产品价税收入	托收	0189 3205	2	2	6	0	0	0	0	0										3	1	6	0	0	0	0	0

图 6-13　银行存款日记账(三栏式)

银行存款收入日记账

2020年		凭证号数	摘要	贷方科目				支出合计	结余额
月	日			短期借款	主营业务收入	应交税费	收入合计		
1	1	(略)	期初余额						250 000
1	4	(略)	借入款项	100 000			100 000		350 000
1	7	(略)	转记					64 000	286 000
1	10	(略)	转记					190 000	96 000
1	15	(略)	转记					6 000	90 000
1	20	(略)	销售收入		200 000	26 000	226 000		316 000

图 6-14　多栏式账页(贷方科目下设置若干个专栏)

银行存款支出日记账

2020年		凭证号数	摘要	借方科目					支出合计
月	日			库存现金	原材料	应交税费	应付账款	财务费用	
1	7	(略)	付所得税			64 000			64 000
1	10	(略)	提现发工资	190 000					190 000
1	15	(略)	付短期利息					6 000	6 000

图 6-15　多栏式账页(借方科目下设置若干个专栏)

将图 6-13 和图 6-14、图 6-15 进行比较，发现多栏式日记账有如下优点：

(1)可将重复发生的同类业务加计汇总，一次过账，减少过账工作量。

(2)各笔业务的账户对应关系明确，可提供有关经济业务明细资料。

(3)方便编制“现金流量表”。

多栏式日记账缺点：专栏多，账页长，不便保管。

初试身手

请学生们以出纳员的身份，根据审核无误的会计凭证图 6-16、图 6-17、图 6-18(原始凭证)及图 6-19(记账凭证)，在图 6-20、图 6-21 上登记多栏式银行存款日记账。

江苏省增值税专用发票

发　票　联

开票代码：325 931 0112295
开票号码：3322820708
开票日期：2020 年 1 月 21 日
校 验 码：9509 8008 3084 45718

机器编号：350820135198

购买方	名　　称：晋江美芝服饰有限公司 纳税人识别号：350582001143 地 址、电 话：金井新街 85381234 开户行及账号：金井农行 53140100001569				密码区	略		
货物或应税劳务、服务名称	规格型号	单位	数量	单价	金　额	税率	税　额	
锦棉布		码	10 000	9.80	98 000.00	13%	12 740.00	
合　　计					￥98 000.00		￥12 740.00	
价税合计（大写）	※壹拾壹万零柒佰肆拾元整					（小写）￥110 740.00		
销售方	名　　称：吴江恒宇有限公司 纳税人识别号：320584722206414 地 址、电 话：黎里镇交通东路 20 号 0512-63511830 开户行及账号：吴江农行黎里办事处 9801069818				备注	吴江市恒宇有限公司 3505470641 发票专用章		

发票联　购货方记账凭证

收款人：　　复核：　　开票人：叶瑜　　销货单位：（章）

图 6–16　增值税专用发票

中国农业银行　电汇凭证（回单）

委托日期 2020 年 1 月 21 日　　NO 0020253054

汇款人	全　称	晋江美芝服饰有限公司	收款人	全　称	吴江市恒宇有限公司
	账号或住址	53140100001569		账号或住址	98001069813554
	汇出地点	福建省晋江市		汇入地点	江苏省吴江市
汇出行名称		晋江农行金井分理处	汇入行名称		吴江农行黎里办理处
金额	人民币（大写）	壹拾壹万零柒佰肆拾元整	千百十万千百十元角分		￥11074000
中国农业银行晋江支行 金井分理处 2020.1.21 转讫 汇出行签章			支付密码		
			附加信息及用途：购料		
			复核（授权） 兴蔡印时		记账

此联汇出行给汇款人的回单

图 6–17　电汇凭证

材 料 入 库 单

2020 年 1 月 25 日

收料仓库：第 1 仓库　　交库单位：采购部门

编号	品名	规格	单位	数量		单价	金额							
				请收	实收		十	万	千	百	十	元	角	分
A18	锦棉布		码	10 000	10 000	9.80		9	8	0	0	0	0	0
备注						合计	￥	9	8	0	0	0	0	0

第四联　财务

仓库负责人：　　验收人：王华感

图 6–18　材料入库单

通用记账凭证

2020年1月21日　　　　记第34号

摘要	总账科目	明细科目	过账	借方金额	贷方金额
材料入库	原材料	锦棉布		9800000	
进项税额	应交税费	应交增值税（进）		1274000	
支付价税款	银行存款	农行			11074000
附件1张	合计			¥11074000	¥11074000

会计主管　　记账　　出纳　　审核　　制单 吕文建

图6-19　记账凭证

银行存款收入日记账

2020年 月	日	凭证号数	摘要	贷方科目 短期借款	主营业务收入	应交税费	收入合计	支出合计	结余额
1	1	（略）	期初余额						250 000
1	4	（略）	借入款项	100 000			100 000		350 000
1	7	（略）	转记					64 000	286 000
1	10	（略）	转记					190 000	96 000
1	15	（略）	转记					6 000	90 000
1	20	（略）	销售收入		200 000	26 000	226 000		316 000

图6-20　银行存款日记账账页2

银行存款支出日记账

2020年 月	日	凭证号数	摘要	贷方科目 库存现金	原材料	应交税费	应付账款	财务费用	支出合计
1	7	（略）	付所得税			64 000			64 000
1	10	（略）	提现发工资	190 000					190 000
1	15	（略）	付短期利息					6 000	6 000

图6-21　银行存款日记账账页3

任务完成

通过在做中学，学生们不但了解了日记账的格式、内容和登记方法，还能够登记三栏式日记账、多栏式日记账。每位学生按要求购买了日记账，登记个人的日常生活开支，但也遇到一个问题，就是不知道该登记现金日记账还是银行存款日记账，因为学生们在生活中有现金收付的，也有通过手机转账收付的，建议开设一个“货币资金日记账”。思考：如果将现金存入银行，或者从银行提取现金，要不要登记“货币资金日记账”，请简述理由。

子项目3　登记分类账簿

学习任务

通过学习，学生们能熟知分类账的格式、项目、内容及登记依据，掌握平行登记的方法，能正确登记总分类账和明细分类账，并能进行总分类账和明细分类账的核对。

知识准备

分类账是对企业全部经济业务进行分类登记，提供分类核算指标的账簿。分类账簿按反映经济内容的详细程度分为总分类账簿和明细分类账簿。

一、总分类账的登记

总分类账簿也称总账账簿，是根据总账科目开设的账簿，用来登记一个单位全部的经济业务，提供一个单位总括核算资料的分类账簿。

总分类账提供的核算资料，是编制会计报表的主要依据，任何单位都必须设置总分类账。

(一)概述

(1)总分类账簿的外表形式：订本式。
(2)总分类账簿的账页格式：通常用三栏式(见图6-22)。
(3)记账人员：会计(出纳人员不得兼任总分类账的登记)。
(4)记账依据和记账方法。
①采用记账凭证核算程序，根据记账凭证逐笔登记总账。
★日期：记账凭证上的日期。
★种类、号数：记账凭证的种类、号数。

★摘要：将记账凭证上同一总账科目的摘要抄录过来或另外如实填写摘要。

★借方金额栏和贷方金额栏：从记账凭证抄录过来，余额由记账人员根据账簿记录，通过“期末余额=期初余额+本期增加额-本期减少额”这一公式计算得出。

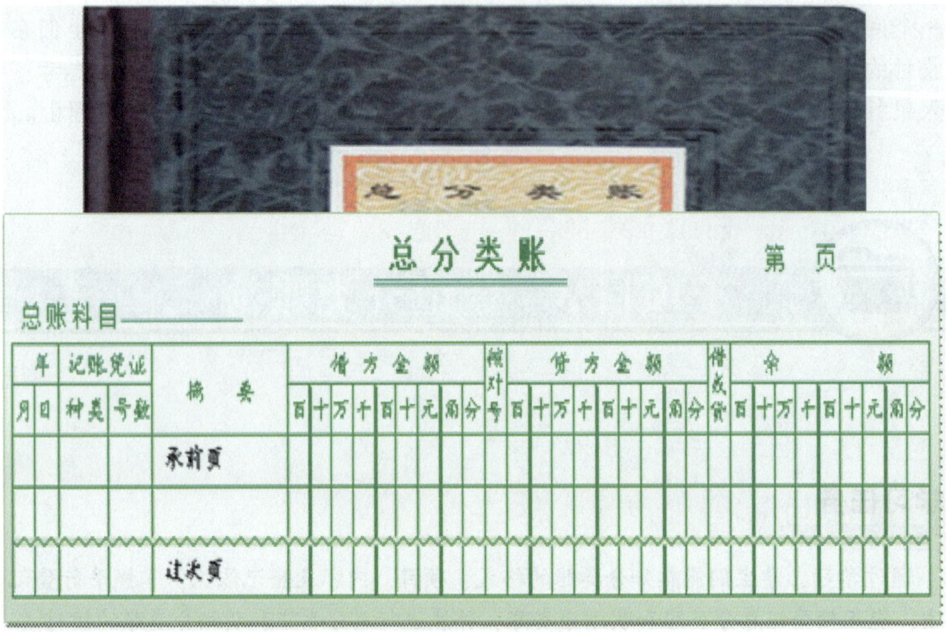

图 6-22　总账封面及账页格式

②采用科目汇总表核算程序，先编制科目汇总表，然后根据科目汇总表登记总账。

★日期：填写“科目汇总表(也称记账凭证汇总表)”的汇总日期。

★种类、号数：填写“科汇”及其编号。

★摘要：填写“根据某月某日的科目汇总表”。

★借方金额或贷方金额：将“科目汇总表”上同名科目的借方汇总金额和贷方汇总金额抄录过来，余额由记账人员根据账簿记录，通过公式计算得出。

③采用汇总记账凭证核算程序，先编汇总记账凭证，再根据汇总记账凭证登记总账。

★日期：填写“汇总记账凭证”的汇总日期。

★种类：填“收汇、付汇、转汇”；或填“现(银)收汇、现(银)付汇、转汇”。

★摘要：填写“汇总第×号凭证至第×号凭证”。

★借方金额或贷方金额：将“汇总记账凭证”上同名科目的借方金额或者贷方金额抄录过来，余额由记账人员根据账簿记录，通过公式计算得出。

(二)业务示范

笑艺公司(小企业)采用科目汇总表核算程序，2020 年 1 月 1 日 ~ 10 日，总共发生 5 笔经济业务，已编制记账凭证如图 6-23 ~ 图 6-27 所示。

通用记账凭证

2020年1月3日　　记第1号

摘要	会计科目		过账	借方金额									贷方金额								
	总账科目	明细科目	账	百	十	万	千	百	十	元	角	分	百	十	万	千	百	十	元	角	分
借款存入账户	银行存款	工行	√		1	0	0	0	0	0	0	0									
短贷获批	短期借款	工行												1	0	0	0	0	0	0	0
附件2张	合计			¥	1	0	0	0	0	0	0	0	¥	1	0	0	0	0	0	0	0

会计主管:　记账:　出纳: 钱易富　审核: 周正　制单: 卓盛仁

图6-23　通用记账凭证1

通用记账凭证

2020年1月4日　　记第2号

摘要	会计科目		过账	借方金额									贷方金额								
	总账科目	明细科目	账	百	十	万	千	百	十	元	角	分	百	十	万	千	百	十	元	角	分
上月水费	应付账款	水务集团					5	0	0	0	0	0									
进项税额	应交税费	应交增值税(进)						4	5	0	0	0									
付水的价税款	银行存款	工行														5	4	5	0	0	0
附件1张	合计					¥	5	4	5	0	0	0			¥	5	4	5	0	0	0

会计主管　记账　出纳 钱易富　审核 周正　制单 卓盛仁

图6-24　通用记账凭证2

通用记账凭证

2020年1月6日　　记第3号

摘要	会计科目		过账	借方金额									贷方金额								
	总账科目	明细科目	账	百	十	万	千	百	十	元	角	分	百	十	万	千	百	十	元	角	分
材料入库	原材料	彩色布				4	0	0	0	0	0	0									
进项税额	应交税费	应交增值税(进)					5	2	0	0	0	0									
付水的价税款	银行存款	工行													4	5	2	0	0	0	0
附件1张	合计				¥	4	5	2	0	0	0	0		¥	4	5	2	0	0	0	0

会计主管　记账　出纳 钱易富　审核 周正　制单 卓盛仁

图6-25　通用记账凭证3

通用记账凭证

2020年1月9日　　　　记第4号

摘要	总账科目	明细科目	过账	借方百	十	万	千	百	十	元	角	分	贷方百	十	万	千	百	十	元	角	分
备发工资	库存现金		√			7	8	4	0	0	0	0									
提取现金	银行存款	工行	√												7	8	4	0	0	0	0
附件1张	合计				¥	7	8	4	0	0	0	0		¥	7	8	4	0	0	0	0

会计主管：　　记账：　　出纳：钱易富　　审核：周正　　制单：卓盛仁

图6-26　通用记账凭证4

通用记账凭证

2020年1月10日　　　　记第5号

摘要	总账科目	明细科目	过账	借方百	十	万	千	百	十	元	角	分	贷方百	十	万	千	百	十	元	角	分
发放工资	应付职工薪酬					7	8	4	0	0	0	0									
支付工资	库存现金		√												7	8	4	0	0	0	0
附件1张	合计				¥	7	8	4	0	0	0	0		¥	7	8	4	0	0	0	0

会计主管：　　记账：　　出纳：钱易富　　审核：周正　　制单：卓盛仁

图6-27　通用记账凭证5

(1)科目汇总表也叫记账凭证汇总表，是定期根据一定数量的记账凭证编制而成的，科目(记账凭证)汇总表是一种记账凭证，用来登记总账，可以减少登记总账的工作量。根据图6-23～图6-27编制科目汇总表(见图6-28)。

科目汇总表　　　　编号：1801

日期：2020年1月1日至2020年1月10日　　　　凭证起止号自1号起至5号止

会计科目	借方百	十	万	千	百	十	元	角	分	记账	贷方百	十	万	千	百	十	元	角	分	记账
短期借款												1	0	0	0	0	0	0	0	
银行存款		1	0	0	0	0	0	0	0			1	2	9	0	5	0	0	0	
应付账款				5	0	0	0	0	0											
应交税费				5	6	5	0	0	0											
库存现金			7	8	4	0	0	0	0				7	8	4	0	0	0	0	
应付职工薪酬			7	8	4	0	0	0	0											
原材料			4	0	0	0	0	0	0											
合计	¥	3	0	7	4	5	0	0	0		¥	3	0	7	4	5	0	0	0	

图6-28　科目汇总表

（2）根据科目汇总表（见图 6-28），在图 6-29 和图 6-35 上登记银行存款、短期借款、应交税费、应付账款、库存现金、应付职工薪酬、原材料的总账。

总 分 类 账

总账科目 银行存款　　　　　　　　　　　　第 1 页

2020年		记账凭证		摘要	借方金额									核对号	贷方金额									借或贷	余额								
月	日	种类	号数		百	十	万	千	百	十	元	角	分		百	十	万	千	百	十	元	角	分		百	十	万	千	百	十	元	角	分
1	1			上年结转										√										借		2	2	0	5	0	0	0	0
1	10	科汇	1801	1月上旬科汇表		1	0	0	0	0	0	0	0			1	2	9	0	5	0	0	0	借		1	9	1	4	5	0	0	0

图 6-29　总分类账账页 1

总 分 类 账

总账科目 短期借款　　　　　　　　　　　　第 2 页

2020年		记账凭证		摘要	借方金额									核对号	贷方金额									借或贷	余额								
月	日	种类	号数		百	十	万	千	百	十	元	角	分		百	十	万	千	百	十	元	角	分		百	十	万	千	百	十	元	角	分
1	1			上年结转										√										贷			5	0	0	0	0	0	0
1	10	科汇	1701	1月上旬科汇表												1	0	0	0	0	0	0	0	贷		1	5	0	0	0	0	0	0

图 6-30　总分类账账页 2

总 分 类 账

总账科目 应交税费　　　　　　　　　　　　第 3 页

2020年		记账凭证		摘要	借方金额									核对号	贷方金额									借或贷	余额								
月	日	种类	号数		百	十	万	千	百	十	元	角	分		百	十	万	千	百	十	元	角	分		百	十	万	千	百	十	元	角	分
1	1			上年结转										√										贷				7	4	5	0	0	0
1	10	科汇	1701	1月上旬科汇表				5	6	5	0	0	0											贷				1	8	0	0	0	0

图 6-31　总分类账账页 3

总分类账

总账科目：应付账款　　　　第4页

2020年		记账凭证		摘要	借方金额									核对号	贷方金额									借或贷	余额								
月	日	种类	号数		百	十	万	千	百	十	元	角	分		百	十	万	千	百	十	元	角	分		百	十	万	千	百	十	元	角	分
1	1			上年结转										√										贷			9	3	0	0	0	0	0
1	10	科汇	1701	1月上旬科汇表				5	0	0	0	0	0											贷			8	8	0	0	0	0	0

图 6-32　总分类账账页 4

总分类账

总账科目：库存现金　　　　第5页

2020年		记账凭证		摘要	借方金额									核对号	贷方金额									借或贷	余额								
月	日	种类	号数		百	十	万	千	百	十	元	角	分		百	十	万	千	百	十	元	角	分		百	十	万	千	百	十	元	角	分
1	1			上年结转										√										借				3	0	0	0	0	0

图 6-33　总分类账账页 5

总分类账

总账科目：应付职工薪酬　　　　第6页

2020年		记账凭证		摘要	借方金额									核对号	贷方金额									借或贷	余额								
月	日	种类	号数		百	十	万	千	百	十	元	角	分		百	十	万	千	百	十	元	角	分		百	十	万	千	百	十	元	角	分
1	1			上年结转										√										贷			7	8	4	0	0	0	0

图 6-34　总分类账账页 6

总分类账

总账科目：原材料　　　　第7页

2020年		记账凭证		摘要	借方金额									核对号	贷方金额									借或贷	余额								
月	日	种类	号数		百	十	万	千	百	十	元	角	分		百	十	万	千	百	十	元	角	分		百	十	万	千	百	十	元	角	分
1	1			上年结转										√										借				5	3	5	0	0	0

图 6-35　总分类账账页 7

初试身手

本教材根据科目汇总表登记了银行存款、短期借款、应交税费、应付账款的总账，请同学接着登记库存现金、应付职工薪酬和原材料的总账。

请同桌以核对人员的身份，进行核对，如果总账登记正确，请在核对处打“√”。

二、明细分类账的登记

明细分类账簿简称明细账簿，是根据明细分类科目开设的账簿，对一个单位的经济业务进行详细核算，提供一个单位明细核算资料的分类账簿。

明细分类账为编制会计报表提供必要的明细资料，是对总分类账的补充反映。

1. 明细分类账簿的外表形式

主要采用活页式，也有卡片式，如固定资产明细账。

2. 明细分类账簿的账页格式

主要有三栏式、数量金额式、多栏式、横线登记式。

(1)三栏式明细账不设数量栏，只设借方、贷方、余额三个金额栏，适用只需核算金额的账户，如：应(预)收、应(预)付等结算类账户；主营业务收入等损益类账户。

(2)数量金额式明细账是在收入、发出、结存栏，再按数量、单价、金额分设三个专栏，适用于既要核算金额又要核算数量的物资明细账，如原材料、库存商品等明细账。

(3)多栏式明细账，将属于同一总账下的各个明细科目集中在一张账页上进行登记，适用于生产成本、应交税费、管理费用、本年利润等明细账。

(4)横线登记式明细账也称平行式明细账，将一项经济业务从发生到结束的内容详细登记在同一账页的同一行上，便于了解有关业务的进展情况。材料采购、应收(付)账款、应收(付)票据、其他应收款(即一次性备用金)、材料采购适用此类明细账。

3. 明细账的登记依据

审核无误的原始凭证、汇总原始凭证或原始凭证汇总表、记账凭证。

4. 登记方法

固定资产、债权债务明细账应逐日逐笔登记；库存商品、原材料以及收入、费用明细账可以逐日逐笔登记，也可定期汇总登记。

初试身手

1. 应当逐日逐笔登记，不得汇总登记的明细账有(　　)。

A. 固定资产　B. 库存商品　C. 原材料　D. 管理费用

2. 适用于三栏式账页的是(　　)。

A. 总账　B. 现金日记账　C. 明细账　D. 备查账

3. 在途物资适用的账页有(　　)。

A. 三栏式　B. 数量金额式　C. 平行式　D. 多栏式

三、总分类账户和明细分类账户的平行登记

总分类账户是所属明细分类账户的统驭账户，对所属明细分类账户起着控制作用；明细分类账户是某一总分类账户的从属账户，对总分类账户起着补充说明的作用。

(一)平行登记概述

平行登记是指对每一项经济业务，既要在有关总分类账户中进行总括登记，也要在其所属的明细分类账户中进行明细登记。

平行登记的要点：

(1)依据相同，登记总账和登记明细账的原始依据要相同。

(2)方向相同，总账记入借(贷)方，明细账也要记入借(贷)方。

(3)期间相同，总账和明细账的登账时间可以有先有后，但必须在同一会计期间完成。

(4)金额相等，每一项经济业务记入总账的金额要等于记入所属明细账金额之和。

通过平行登记，总账和明细账在金额上形成如下关系：

总账借(贷)方发生额=所属各明细账借(贷)方发生额之和

总账借(贷)方余额=所属各明细账借(贷)方余额之和

(二)业务示范

金艺服饰(小企业)采用记账凭证账务处理程序，根据记账凭证逐笔登记总账，2020年1月份该企业有关材料采购的总账与明细账平行登记如下：

1月5日从厦门晨光购入材料，款项尚未支付，取得增值税专用发票，并填写“收料单”(见图6-36)，根据审核无误的单据编制第8号记账凭证(以分录代替)如下：

借：原材料——胶磨毛　　25 000.00

　　　　　——里布　　5 000.00

　　应交税费——应交增值税(进项税额)　　5 100.00

　　贷：应付账款——厦门晨光　　35 100.00

收　料　单

供应单位：厦门晨光　　2020年 1 月　5 日　　收料仓库：第 1 号仓库

发票号码：350180503　　收料单号：20170199

编号	类别	名称及规格	单位	数量		实际成本				备注
				应收	实收	买价		采购费用	合计	
						单价	金额			
A01	主料	胶磨毛	码	5 000	5 000	5.00	25 000		25 000	
A09	主料	里布	码	5 000	5 000	1.00	5 000		5 000	

采购员：陈双文　　检验员：蔡又又　　记账员：　　保管员：张向成

图 6-36　收料单

（1）根据原始凭证、记账凭证登记“原材料”总账，如图6–37所示。

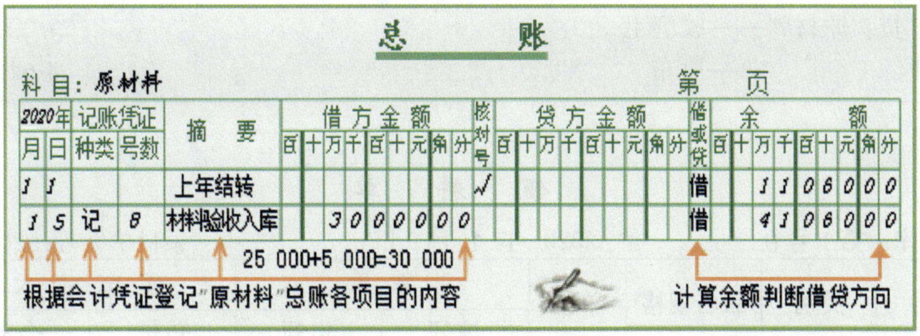

总　　账

科目：原材料　　　　　　　　　　　　第　页

2020年 月	日	记账凭证 种类	号数	摘要	借方金额	核对号	贷方金额	借或贷	余额
1	1			上年结转		√		借	1106000
1	5	记	8	材料验收入库	3000000			借	4106000

图6–37　总账（原材料）

（2）根据原始凭证和记账凭证登记“原材料”明细账，如图6–38、图6–39所示。

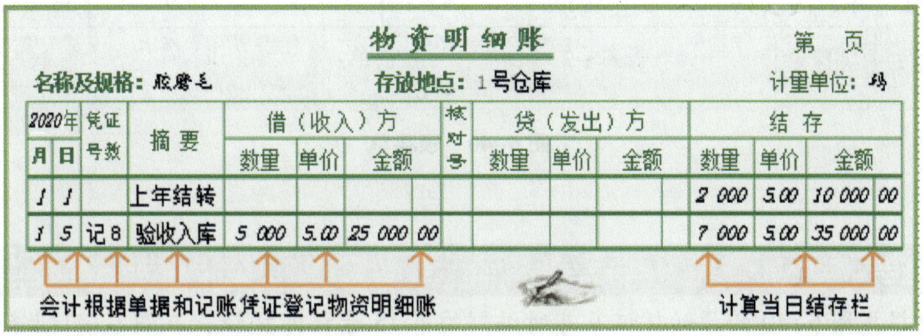

物资明细账　　第　页

名称及规格：胶磨毛　　存放地点：1号仓库　　计量单位：码

2020年 月	日	凭证号数	摘要	借（收入）方 数量	单价	金额	核对号	贷（发出）方 数量	单价	金额	结存 数量	单价	金额
1	1		上年结转								2 000	5.00	10 000 00
1	5	记8	验收入库	5 000	5.00	25 000 00					7 000	5.00	35 000 00

图6–38　物资明细账（胶磨毛）

物资明细账　　第　页

名称及规格：里布　　存放地点：1号仓库　　计量单位：码

2020年 月	日	凭证号数	摘要	借（收入）方 数量	单价	金额	核对号	贷（发出）方 数量	单价	金额	结存 数量	单价	金额
1	1		上年结转								1 000	1.06	1 060 00
1	5	记8	验收入库	5 000	1.00	5 000 00					6 000	1.01	6 060 00

图6–39　物资明细账（里布）

说明：应交税费、应付账款等账户的平行登记，不在此处呈现。

1月9日，生产车间从第1号仓库领用材料，投入产品生产。会计根据原始凭证（见图6–40）编制第15号记账凭证（以会计分录代替）如下：

借：生产成本——男夹克　　31 646.00
　　贷：原材料——胶磨毛　　27 000.00
　　　　　　　——里布　　4 646.00

领　料　单

发料仓库：第 1 号仓　　2020 年 1 月 9 日　　领料单编号：201579

编号	类别	品名规格	单位	数量		实际成本	
				请领	实领	单价	金额
A01	主料	胶磨毛	码	5 400	5 400	5.00	27 000.00
A09	主料	里布	码	4 600	4 600	1.01	4 646.00
用 途	生产男茄克2 160件		合计	—	—	—	31 646.00

主管：陈保国　　领料：张向成　　制单：车新品　　车新品

图 6-40　领料单

初试身手

请根据图 6-40 的原始凭证及其所编制的第 15 号记账凭证，在图 6-41 上登记“原材料”总账并计算出当日余额；在图 6-42、图 6-43 上分别登记胶毛磨毛和里布的明细账并计算出当日结存，体会平行登记的要点。

总　　账

科目：原材料　　第　页

2020年		记账凭证		摘要	借方金额									核对号	贷方金额									借或贷	余额								
月	日	种类	号数		百	十	万	千	百	十	元	角	分		百	十	万	千	百	十	元	角	分		百	十	万	千	百	十	元	角	分
1	1			上年结转										√										借			1	1	0	6	0	0	0
1	5	记	8	材料验收入库			3	0	0	0	0	0	0											借			4	1	0	6	0	0	0

图 6-41（三栏式明细账）

物资明细账 第 页

名称及规格：胶磨毛 存放地点：1号仓库 计量单位：码

2020年 月	日	凭证号数	摘要	借（收入）方 数量	单价	金额		核对号	贷（发出）方 数量	单价	金额		结存 数量	单价	金额	
1	1		上年结转										2 000	5.00	10 000	00
1	5	记8	验收入库	5 000	5.00	25 000	00						7 000	5.00	35 000	00
1	9	记15	领料						5 400	5.00	27 000		1 600	5.00	8 000	00

图 6-42 物资明细账(胶磨毛)

物资明细账 第 页

名称及规格：里布 存放地点：1号仓库 计量单位：码

2020年 月	日	凭证号数	摘要	借（收入）方 数量	单价	金额		核对号	贷（发出）方 数量	单价	金额		结存 数量	单价	金额	
1	1		上年结转										1 000	1.06	1 060	00
1	5	记8	验收入库	5 000	1.00	5 000	00						6 000	1.01	6 060	00
1	9	记15	领料						4 600	1.01	4 646		1 400	1.01	1 414	00

图 6-43 物资明细账(里布)

（3）平行登记的核对。平行登记的结果正确与否，可以利用总账与其所属明细账在金额上的关系进行核查。金艺服饰 2020 年 1 月 10 日通过编制“原材料明细分类账户本期发生额及余额表”来检查 1 月上旬原材料的平行登记是否正确，如图 6-44 所示。

原材料明细账本期发生额及余额表

会计期间：2020 年 1 月 1 日～10 日

明细账户	期初余额		本期发生额		期末余额	
	借方	贷方	借方	贷方	借方	贷方
胶磨毛	10 000.00		25 000.00	27 000.00	8 000.00	
里 布	1 060.00		5 000.00	4 646.00	1 414.00	
合 计	11 060.00		30 000.00	31 646.00	9 414.00	

图 6-44 原材料明细账本期发生额及余额表

任务完成

通过在练中学，学生们能够正确登记总账(利用记账凭证逐笔登记、利用科目汇总表登记)和明细账(含三栏式、数量金额等)，并学会了借助网络查找资料，辅助学习。陈思思同学在网上找到了一张“应付账款明细分类账”(平行式账页)，如图6-45所示。

应付账款明细分类账

行次	户名	借方					贷方					转销
		年		凭证号数	摘要	金额	年		凭证号数	摘要	金额	
		月	日				月	日				
1	厦门晨光	(略)	(略)	18	归还欠款	35 100.00	(略)	(略)	9	购入布料	35 100.00	√
2	水务公司	(略)	(略)	29	支付水费	6780.00	(略)	(略)	29	本月水费	6780.00	√
3	强华公司						(略)	(略)	35	购入布料	46 800.00	

图6-45　应付账款明细分类账

图中，第1行和第2行所欠款项均已还清，所以在转销处打√，而第3行欠强华公司的货款尚未归还，所以，第3行对应的转销处没有打√。

子项目4　试算平衡

学习任务

通过学习，学生们能了解试算平衡的意义，掌握试算平衡表的编制方法，了解试算平衡表的各种功用。

知识准备

企业在一定时期的账簿记录工作全部结束后，需要对账户记录进行试算平衡，以检验账簿记录的正确性。试算平衡表不属于正式报表。

一、试算平衡的理论依据

会计等式(资产=负债+所有者权益)是试算平衡的理论依据。

每一笔会计分录都遵循有借必有贷，借贷必相等。登账后，根据“等量加等量，其和必等”的数学原理，各账户的借方合计数必然等于各账户的贷方合计数；根据“等量减等量，其差必等”的数学原理，各账户借方余额之和必然等于各账户贷方余额之和。

二、平衡关系

1. 发生额的平衡关系

(1)逐笔发生额平衡：每笔会计分录的借方金额=同笔会计分录的贷方金额。

(2)全部发生额平衡：全部账户的借方发生额合计=全部账户的贷方发生额合计。

2. 余额平衡

(1)全部账户期初余额的借方合计数 = 全部账户的期初余额的贷方合计数。

(2)全部账户期末余额的借方合计数 = 全部账户的期末余额的贷方合计数。

三、编制试算平衡表的期间

若没有明确规定，通常在每月的月底定期编制试算平衡表。但也有企业因业务多及管理需要，每半月或者每周甚至每天编制一次试算平衡表。

四、试算平衡表的功用

(一)检查账簿记录是否错误

如果试算结果不平衡，也就是借方金额合计数不等于贷方金额合计数，则表明登账过程必有错误。如果试算结果平衡了，并不代表账务处理绝对正确。

特别提示！

试算平衡无法发现下列错误：

(1)方向记反，如一个简单的会计分录，将借方科目记入贷方，将贷方科目记入借方。

(2)重复登记一笔及以上的会计分录或漏记一笔及以上的会计分录。

(3)科目用错，如将“应收账款”(正确科目)写成了“应付账款”(错误科目)。

(4)借方和贷方同时多记或同时少记相同的金额。

(二)提供企业经营概况

试算平衡表总账本期发生额及期末余额编制，主管人员可凭借试算平衡表简略了解企业的经营活动情况，财务状况及经营成果，随时修正经营策略。

(三)提供编制各种财务报表之资料

期末结账前的试算平衡表，可以提供结账工作底稿的资料，结账后的试算平衡表则可以提供编制资产负债表、利润表的数字资料。

五、试算平衡表的格式

完整的试算平衡表包括发生额平衡和余额平衡(见图6-47)，实际工作中，如果采用1

个月编制一张科目汇总表，并据以登记总分类账，月末也可只编余额平衡表；如果是逐笔登记总账，一般都要编完整的试算平衡表。

六、业务示范

笑艺公司 2020 年 1 月份的账已经登记完毕，为了验证账户记录是否正确，编制了该公司 2020 年 1 月份的试算平衡表，现以“库存现金”账户为例，展示编制过程：

（1）根据科目汇总表登记库存现金总账并结出“本期发生额及余额”，如图 6–46 所示。

总分类账

账户名称：库存现金

2020年 月	日	凭证号数	摘要	借方（十万千百十元角分）	贷方（十万千百十元角分）	余额（十万千百十元角分）
1	1	（略）	期初余额			300000
1	10	（略）	1-10 日科目汇总表	7840000	7840000	300000
1	20	（略）	11-20 日科目汇总表	960000	950000	310000
1	31	（略）	21-31 日科目汇总表	590000	660000	240000
			本月合计	9390000	9450000	240000

图6–46　总分类账

（2）将图6–46的有关资料登记到图6–47的相关栏目内。

试算平衡表

单位名称：笑艺公司　　2020年1月31日　　编号：01801

账户名称	期初余额		本期发生额		期末余额	
	借方	贷方	借方	贷方	借方	贷方
库存现金	3 000.00		93 900.00	94 500.00	2 400.00	

图 6–47　试算平衡表

初试身手

1. 请根据图 6–48 ~ 图 6–50 有关资料，在图 6–51（试算平衡表）处补充相关信息。

2. 请在图 6–51 上计算并填写最后一栏“合计数”的金额。

总分类账

账户名称：实收资本

2020年		记账凭证		摘要	借方金额									核对号	贷方金额									借或贷	余额								
月	日	种类	号数		百	十	万	千	百	十	元	角	分		百	十	万	千	百	十	元	角	分		百	十	万	千	百	十	元	角	分
1	1			上年结转										√										贷		8	0	0	0	0	0	0	0

图 6-48　总分类账（实收资本）

总分类账

账户名称：应交税费

2020年		记账凭证		摘要	借方金额									核对号	贷方金额									借或贷	余额								
月	日	种类	号数		百	十	万	千	百	十	元	角	分		百	十	万	千	百	十	元	角	分		百	十	万	千	百	十	元	角	分
1	1			上年结转										√										贷				7	4	5	0	0	0
1	10	科汇	1801	1~10 科汇表				7	4	5	0	0	0											平							0		
1	20	科汇	1802	11~20 科汇表			1	0	2	0	0	0	0				3	4	0	0	0	0	0	贷			2	3	8	0	0	0	0
1	31	科汇	1803	21~31 科汇表			2	3	8	0	0	0	0					2	3	8	0	0	0	贷				2	3	8	0	0	0
1	31			本月合计			4	1	4	5	0	0	0				3	6	3	8	0	0	0	贷				2	3	8	0	0	0

图 6-49　总分类（应交税费）

总分类账

账户名称：主营业务收入

2020年		记账凭证		摘要	借方金额									核对号	贷方金额									借或贷	余额								
月	日	种类	号数		百	十	万	千	百	十	元	角	分		百	十	万	千	百	十	元	角	分		百	十	万	千	百	十	元	角	分
1	20	科汇	1802	11~20 科汇表										√		2	0	0	0	0	0	0	0	贷		2	0	0	0	0	0	0	0
1	31	科汇	1803	21~31 科汇表		2	0	0	0	0	0	0	0	√										平							0		
1	31			本月合计		2	0	0	0	0	0	0	0			2	0	0	0	0	0	0	0	平							0		

说明：该公司 1 月上旬没有发生销售收入

图 6-50　总分类账（主营业务收入）

试算平衡表

单位名称：笑艺公司

账户名称	期初余额		本期发生额		期末余额	
	借方	贷方	借方	贷方	借方	贷方
库存现金	3 000		93 900	94 500	2 400	
银行存款	220 500		334 000	247 850	306 650	
原材料	5 350		100 000		105 350	
库存商品	250 150			120 150	130 000	
固定资产	554 000				554 000	
累计折旧		4 150		1 050		5 200
短期借款		50 000		100 000		150 000
应付账款		93 000	50 000	19 320		62 320
应付职工薪酬		78 400	78 400	78 500		78 500
②应交税费						
③主营业务收入						
主营业务成本			120 150	120 150		
税金及附加			2 380	2 380		
管理费用			15 370	15 370		
销售费用			23 320	23 320		
财务费用			1 280	1 280		
所得税费用			9 375	9 375		
①实收资本						
本年利润			28 125	28 125		
合　　计						

图 6–51　试算平衡表

任务完成

通过学习，学生们知晓了试算平衡的理论依据、平衡关系及试算平衡的功用，通过练习，学生们能够编制试算平衡表，并且体会编制试算平衡表时容易出错的地方，比如，没有本期发生额的账户易忘记将其编到试算平衡表里去，导致试算平衡表不完整。

虽然科目汇总表和试算平衡表的本期发生额平衡看似一样，但两者有本质区别的，科目汇总表是对记账凭证的汇总，而试算平衡表是对账户记录过程及结果的核对，当然，如果用科目汇总表登记总账，而且1个月只编一份科目汇总表，登一次总账的话，企业也可以只编余额平衡表，不必编发生额平衡表。

子项目5　错账更正

学习任务

培养严谨、认真的工作态度，规范会计行为，避免发生差错。当差错发生时，能够掌握并运用查错方法找到差错，并采取正确的错账更正方法加以更正。

知识准备

如果记账出现了差错，那么首先要找出差错，然后进行更正，下面介绍几种查错方法。

一、错账查找方法

(1)差额法，发现金额与差额相同的会计业务，最大可能是漏记或重记某一笔账务。比如，应收账款总账借方余额50 000元，所属明细账余额之和为借方49 000元，相差1 000元，可能是某笔借方1 000元的应收账款明细账漏记了；又如，借：税金及附加500元，贷：应交税费500元，漏记了借方金额或借方金额记了2次，都会使得借方合计金额和贷方合计金额相差500元。

(2)除2法，借方金额与贷方金额之差能被2整除的，可能是借贷方向记反了，如借方200元记入贷方，则借方合计金额较贷方合计金额少了400元，400元除2正好是200元。

(3)除9法，是由数字移位或颠倒引起的。比如68记成86或者86记成68，相差18正好被9整除，又如350写成3 500，相差3 150，除9正好是350。

(4)尾数法，如果金额差错是角(含角)以下的，可以只查元(含元)以下的尾数，以提高查错的效率。

二、错账更正方法

找到差错以后，可以采用划线更正法、红字冲销法、补充登记法对错误进行更正，严禁使用刮擦、挖补、涂改或用化学药物退字等方法更正错账。

(一)划线更正法

1. 适用范围

记账凭证正确，过账时发生笔误(证对账错)。

2. 更正方法

(1)划线，文字错只划写错的文字，数字错要划掉包含错误数字的全部数字。

如：根据记账凭证(错误文字“记账凭证”)；14060 (错误数字只是“14”二位)。

(2)将正确的文字或正确的数字写在错误的文字或数字上端的空白处。

　科目汇总表　41060

根据~~记账凭证~~　~~14060~~

记账人员在更正处签章。(本例中记账人员是王久　王久)

　科目汇总表　41060

根据~~记账凭证~~　14060

以上划线更正的全过程在账页上完整呈现，如图 6-52 所示。

总分类账

原材料　　　　　　　　　　　　　　　　　　　　第　页

2020年		记账凭证		摘要	借方金额								核对号	贷方金额								借或贷	余额							
月	日	种类	号数		十	万	千	百	十	元	角	分		十	万	千	百	十	元	角	分		十	万	千	百	十	元	角	分
1	1			上年结转									√									借		1	1	0	6	0	0	0
1	5	科汇	001	科目汇总表 根据~~记账凭证~~ 王强		3	0	0	0	0	0	0										借		4 ~~1~~	1 ~~4~~	0 ~~0~~	6 ~~0~~	0 ~~0~~	0 ~~0~~	0 ~~0~~

图 6-52　总账账页

(二)红字冲销法

1. 适用范围

红字冲销法也叫红字冲账法同时满足下列两个条件，方可采用红字冲销法。

(1)凭证与账簿同时出错，出同样的错。

(2)犯了“只少记了金额”以外的错误，如多记金额、用错科目、写错方向。

只少记了金额不能用红字冲销，但少记金额的同时还犯有别的差错，也要用红字冲销法，如少记金额的同时还用错了科目。

2. 更正方法

(1)全额冲销法。

适应于科目用错、方向写错以及犯有两种及以上的错误。

某企业 2019 年 5 月 9 日，从银行提取现金 3 000. 00 元，编制第 8 号记账凭证(用会计分录代替凭证)，并已入账(用 T 形账代替真账)。

借：银行存款　　　　　　　　　　30 000. 00
　　贷：库存现金　　　　　　　　　　30 000. 00

银行存款（用T形账代）

30 000.00	

库存现金（用T形账代）

	30 000.00

更正过程展示如下：

★编制冲销错误记录的记账凭证并登账(金额用红字，摘要和科目用蓝字)。

摘要：注销5月9日第8号记账凭证的错误分录

借：银行存款　　30 000.00

　贷：库存现金　　30 000.00

★用蓝字编制正确的会计分录并登账(在原来的T形账上接着登记，不另开同名T形账)。

摘要：订正5月9日第8号记账凭证

借：库存现金　　3 000.00

　贷：银行存款　　3 000.00

银行存款（日记账）

30 000.00	
30 000.00	
	3 000.00

库存现金（日记账）

	30 000.00
	30 000.00
3 000.00	

(2)差额冲销法。适应于只是多记金额，并无其他差错。

如：某企业2019年6月10日生产甲产品领用A材料5 000.00元，编制第15号记账凭证(用会计分录代替)并已入账。

借：生产成本——甲　　50 000.00

　贷：原材料——A　　50 000.00

生产成本——甲

50 000.00	

原材料——A

	50 000.00

更正过程展示如下：

★编制冲销“多记金额”(50 000.00−5 000.00=45 000.00)的记账凭证并登账。

摘要：注销6月10日第15号记账凭证的多记金额

借：生产成本——甲　　45 000.00

　贷：原材料——A　　45 000.00

生产成本——甲

50 000.00	
45 000.00	

原材料——A

	50 000.00
	45 000.00

初试身手

2019 年 9 月 30 日提取会计人员工资 25 000 元，某会计编制记账凭证(见第 31 号记账凭证)并已入账，请分析错误原因，采用正确的方法给予更正。(更正过程中如有需要，可以开设新的 T 形账)

2019 年 9 月 30 日编制第 31 号记账凭证如下：

借：财务费用　　25 000. 00
　　贷：应付职工薪酬　　25 000. 00

更正过程：

冲销错误分录并登账：(摘要：　　　　　　　　)

编写正确分录并登账：(摘要：　　　　　　　　)

财务费用	
25 000.00	

应付职工薪酬	
	25 000.0

(三)补充登记法

1. 适用范围

同时满足下列两个条件，方可采用补充登记法。

(1)凭证与账簿同时出错，出同样的错。

(2)只是少记了金额，再无其他差错。

2. 具体业务

某公司于 2019 年 10 月 11 日开出一张转账支票，归还上月购货所欠款项 585 000 元，编制第 11 号记账凭证(以会计分录代替)并入账(以 T 形账代替)。

借：应付账款　　558 000. 00
　　贷：银行存款　　558 000. 00

应付账款	
558 000.00	

银行存款	
	558 000.00

更正过程：(凭证与账簿同时少记金额，并无其他差错，采用补充登记法)

编制“补充金额”(585 000. 00-558 000. 00=27 000. 00)的记账凭证并登账。

摘要：补充10月11日第11号记账凭证少记金额

借：应付账款　　27 000.00

　　贷：银行存款　　27 000.00

应付账款	
558 000.00	
27 000.00	

银行存款	
	558 000.00
	27 000.00

任务完成

通过学习，学生们知晓了如何查错、错账更正的三种方法及适用范围，通过练习，基本掌握了三种更正错账的技能，重要的是通过本节的学习与训练，让学生明白严谨、认真的工作态度对会计工作的重要性，否则出了差错相当麻烦。

学生边学习边思考，有学生提出，凭证编错了还没登账怎么办？如果还没登账也没装订，可以将错误凭证作废，重新编制一张；虽然没有登账但已经装订，则可采用划线更正法对错误凭证进行更正。

子项目6　对账和结账

学习任务

通过学习，学生们能了解对账和结账的意义，掌握对账和结账的技能，了解更换账簿的规定和手续，能重视对账簿的保管。

知识准备

一、核对账目

核对项目简称对账。对账就是对一个会计期间的交易信息进行核对，以确认交易信息的一致性和正确性的过程。有关对账的概念、目的、内容，见图6-53。

对账概念		将账簿记录与会计凭证、其他相关账簿、财产物资、往来单位相核对
对账目的		确保账证相符、账账相符、账实相符，确保账簿记录真实、准确
内容	账证核对	将账簿记录与原始凭证、记账凭证相核对，确定账簿与凭证在“时间、凭证字号、内容及金额、借贷方向”等项目的记录上是否一致
内容	账账核对	①全部总分类账户的本期发生额及期末余额试算平衡 ②总账与明细账核对相符、总账与日记账核对相符 ③会计财产物资明细账与财产物资使用保管部门明细账核对相符
内容	账实核对	①库存现金日记账每日余额与当日现金实际结存数核对相符 ②银行存款日记账与银行对账单核对相符 ③各种财产物资明细账账面余额与该项财产物资实际结存数核对相符 ④各种应收、应付明细账的账面余额与往来单位账面记录核对相符

图 6–53　对账概述

说明：账实核对一般通过财产清查来完成。

二、结账

1. 结账的定义

结账就是在一定时期的经济业务已经全部登记入账的基础上，经核对无误后，结出各种账簿的本期发生额及期末余额，为编制会计报表提供依据。

2. 结账的程序及内容

结账的程序及内容见图 6–54。

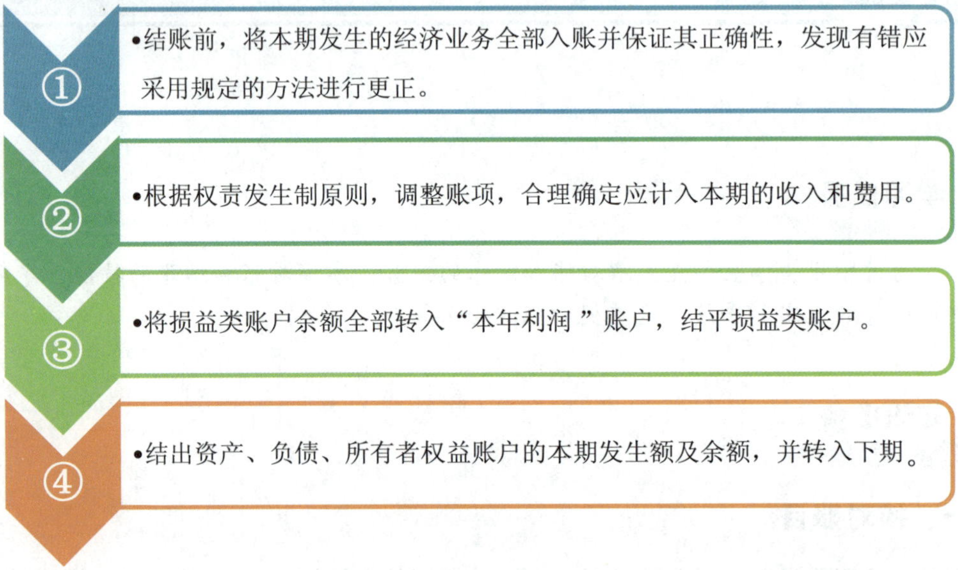

图 6–54　结账程序及内容

3. 结账方法

（1）对不需按月结计本期发生额的账户，每次记账后都要随时结出余额，每月最后一笔经济业务记录完毕，在同一行结出当月最后一笔余额即为月末余额，并在该笔经济业务下画通栏单红线，不需再次结计余额。

(2)库存现金日记账、银行存款日记账、需要按月结计发生额的收入、费用明细账等，每月结账时，要在最后一笔经济业务记录下面画通栏单红线，结出本月发生额和余额，在摘要栏内注明“本月合计”的字样，并在下面画通栏单红线。如果本月只发生一笔业务，结账时，只需在此笔业务下画一条通栏单红线即可。

(3)对需要结计本年累计发生额的账户，应在“本月合计”行下结出自年初起至本月末止的累计发生额，登记在月份发生额下面，在摘要栏内注明“本年累计”字样，并在下面画通栏单红线。12 月月末的“本年累计”就是全年累计发生额，在全年累计发生额栏下面通栏画双红线，如图 6-55 所示。

思考：“承前页”的本期发生额是上一账页的合计数还是从年初到上一账页止的合计数，或者仅是10月份的合计数。

明细分类账

账户名称：应收账款——太和百货

20××年 月	日	凭证号数	摘要	借方（百十万千百十元角分）	贷方（百十万千百十元角分）	借或贷	余额（百十万千百十元角分）
11	1	（略）	承前页	33800000	29500000	借	5400000
	8		服装价税款	11700000		借	17100000
	15		收回欠款		17100000	平	0
	30		本月合计	17100000	11700000	平	0
			本年累计	45500000	46600000		
12	5		服装价税款	5850000		借	5850000
	18		服装价税款		5850000	平	0
	30		服装价税款	23400000		借	23400000
12	31		本月合计	29250000	5850000	借	23400000
12	31		全年累计	74750000	52450000		
			结转下年				

图 6-55　三栏式明细分类账

年度结账后，如果旧账簿还有空白账页，应在空白账页的第一页上注明“自此以下各页空白作废”并加盖“作废”或“空白”的戳记。

三、账簿的更换与保管

1. 账簿的更换

账簿的更换通常在新会计年度建账时进行，总账、日记账、多数明细账应当每年更换一次；变动较小的明细账可以连续使用，不必每年更换，备查账可以连续使用。

新一年度里启用新账簿时，应当在扉页填写“账簿启用表”，如图 6-1 所示。

在新账簿首页账页的第一行，将“上年结转”填入其“摘要”栏，并将上年年末余额列入其“余额”栏，并标明借贷方向。

2. 账簿的保管

年度终了，对活页式账簿应整理好，编上页码，写好目录，加上封面及封底，装订成册。建立新账后，旧账要集中送交总账会计统一管理。

会计账簿从年度终了后的第一天算起，保管期限应为30年，先由财务部门保管1年，1年期满，编制移交清册，移交本单位档案部门继续保管。

初试身手

请根据图6-55提供的信息，填写图6-56(新账)的第一页第一行的有关内容。(新一年度里的第一笔经济业务尚未发生)

明细分类账

账户名称：

20X X年		凭证号	摘要	借方金额									贷方金额									借或贷	余额								
月	日			百	十	万	千	百	十	元	角	分	百	十	万	千	百	十	元	角	分		百	十	万	千	百	十	元	角	分

图6-56　三栏式明细分类账

任务完成

通过学习，学生们知晓了对账、结账的概念和定义，能够进行月结、季结和年结，学会了更换账簿，结合前面学过的知识，也知道了如何建立新账，懂得填写账簿的封面和扉页。

同学们边学习边思考，对一些问题提出了疑问：比如，1个月只有一笔经济业务的，要不要结计本月合计数呢？

对需要结计本月发生额合计数，又要结计本年累计发生额合计数的账户，如收入、支出、费用明细账，应收应付明细账、本年利润明细账等，每年的第一个月，不需要结计本年累计发生额合计数；对第一个月只有一笔业务的，不需要结计本月合计数，也不需要结计本年累计数，只要在这笔经济业务下面画一条通栏单红线即可。

项目七
财产清查

学习目标

知识目标： 了解会计财产清查的定义、种类及清查方法，领会两种财产物资盘存制度的含义、适用范围及计算公式。

能力目标： 能选择正确的方法对各类财产物资进行清查，熟练编制“银行存款余额调节”，对财产清查结果能进行正确的账务处理。

思政目标： 爱护财产物资，坚决与浪费、偷盗、贪腐国家以及集体财物的行为作斗争，加强管理，提高财产物资利用率。。

子项目1　财产物资的盘存制度

学习任务

通过学习，了解财产清查的定义、种类，熟悉两种不同财产物资的盘存制度，能够对不同的财产物资选择正确的盘存制度，确保企业财产物资的安全与完整。

知识准备

财产清查就是通过对现金、存货、固定资产的实地盘点，对无形资产的实地查证，对银行存款、往来款项的查询核对，确定某一时点企业财产物资的实存数，查明账存数与实存数是否相符的一种会计核算方法。

需要提醒的是，权益虽不是企业的财产，但也要进行清查，如企业应当定期或不定期对各类债务进行清查、对所有者权益进行清查。

一、账实不符的原因

账实不符包括：有账无实、有实无账、账实不匹配三种情形，其中，最常见的情形是账实不匹配。账实不符的原因很多，主要有以下几条：

(1)自然损耗或自然溢余(这是最常见的原因)。

(2)收发时，计量不准(有计量工具的问题，也有工作态度和工作方法的问题)。

(3)管理不善(要不断完善财产物资的保管制度、保管手段、使用先进的保管技术)。

(4)自然灾害、人为(有意或无意)灾害。

(5)贪污盗窃、非法侵占、营私舞弊(要严厉打击，必要时交由警方处理)。

(6)记账时漏记、重记、错记(要强化记账工作)。

此外，未达账项也可能导致银行存款、往来款项等暂时性的账实不符。

二、财产清查的分类

(一)按财产清查的范围和对象可将其分为全面清查和局部清查

1. 全面清查

(1)定义：全面清查就是对企业的资产和权益进行全面、彻底的盘点、核对。

(2)特点：全面清查涉及的内容繁多、范围广泛，需要动用较大的人力、物力，花费较长的时间。

(3)范围：全面清查适用于下列情形：①年终决算前；②企业破产、撤销、合并或改变隶属关系时；③企业更换主要负责人时；④企业改制等需要资产评估时。

2. 局部清查

(1)定义：局部清查就是根据需要对某一部分资产、权益进行清点核对。

(2)特点：范围小，内容少，针对性较强。

(3)适用范围：①出纳每日清点现金，并与现金日记账核对相符，日清月结；②银行存款每月应与银行核对1次；③贵重物资每月至少盘点1次，并与实物账目核对；④债权债务每年至少与客户核对1~2次；⑤原材料、在产品、库存商品等流动性较大的财产物资根据需要进行重点抽查；⑥出纳、保管调动时对所保管的货币资金、财产物资进行临时清查。

(二)按财产清查的时间可将其分为定期清查和不定期清查

1. 定期清查

定期清查是指按照事先安排好的时间进行财产清查，一般定于月末、季末、年末。定期清查可以是全面清查也可以是局部清查。

2. 不定期清查

根据需要，临时决定进行的财产清查。应当实施不定期财产清查的情形有：

(1)财产物资的经管人员，如出纳、仓库保管员等发生变动时(不定期+局部)。

(2)单位负责人发生变动时(不定期+全面)。

(3)单位兼并、破产、改制和改变隶属关系时(不定期+全面)。

(4)清产核资时(不定期+全面)。

(5)财产物资被贪污、偷盗以及被自然灾害损毁时(不定期+局部)。

(6)财政、审计、税务等部门进行会计检查时(不定期，可能局部，也可能全面)。

(三)按清查的执行单位可将其分为内部清查和外部清查

内部清查是由本单位自行组织的清查；外部清查是由上级主管部门、审计机关、司法部门、注册会计师根据国家规定或受企业委托对本单位所进行的财产清查。大多数的财产清查是内部清查。

三、财产物资的盘存制度

财产物资的盘存制度是指会计在日常核算中，通过账面盘存或实地盘存来确定财产物资账面结存情况的制度。财产物资的盘存制度有永续盘存制和实地盘存制两种。

(一)永续盘存制(也称账面盘存制)

1. 定义

永续盘存制是指根据会计凭证在账簿中连续记录单位财产物资的增加数和减少数，并根据账簿记录随时结出账面结存数量的一种盘存制度。

2. 公式

期末账面结存数=期初账面结存数+本期增加数-本期发出数。

3. 优缺点

优点是可以随时掌握财产物资的增减及结存情况，有利于加强对财产物资的管理，确保财产物资的安全；缺点是工作量大，耗用人力物力多。

4. 适用范围

绝大多数企业的存货以及企业里的绝大多数存货都采用永续盘存制。

（二）实地盘存制

1. 定义

实地盘存制是指对单位各项财产物资，平时根据会计凭证在账簿中登记增加数，但不登记发出数，期末以实地盘点数作为账面结存数，倒推出本期发出数的一种盘存制度。

2. 公式

本期发出数=期初账面结存数+本期增加数-期末账面结存数。

优缺点：优点是简化了财产物资明细账的核算工作；缺点是不能及时了解财产物资的结存情况和财产物资的溢缺情况，不利于加强对财产物资的管理。

3. 适用范围

鲜活、易变质的农副产品；数量大、单价低、收发频繁的物资。

初试身手

1. 下列财产物资应采用永续盘存制的是(　　)。

A. 超市的苹果　　B. 金店的金银珠宝

C. 建筑工地上的沙子　　D. 服装厂的布料

2. 实地盘存制下，不需要进行会计核算的是(　　)。

A. 存货的自然损耗　　B. 存货的自然溢余

C. 存货的非常规损失　　D. 存货的发出

任务完成

通过学习，学生能知晓了财产清查的含义、账实不符的原因、财产清查的分类，并领会了财产物资盘存制度的含义、计算公式，优缺点和适用范围。

学生边学习边思考，提出：为什么很多教材上在“财产物资盘存制度”的定义中，都认为是“为了确定财产物资的实际结存情况”，而本教材却认为是“为了确定财产物资的账面结存情况”呢？

本教材对“财产物资盘存制度”的定义是准确的。在永续盘存制下，不通过财产清查就可以确定账面盘存数，而实地盘存制，是将实际盘存数当成账面盘存数，很明显，实地盘存制下的财产清查不是为了查找损耗与溢余，而是为了确定账面盘存数，从而倒推出本期发出数。

财产物资盘存制度与财产清查是有联系的两个概念，财产物资的盘存制度是为了确认财产物资的账面结存数，财产清查才是为了确认财产物资的实际结存数。在实地盘存制下，财产清查的目的就是为了确定财产物资的账面结存数；而在永远续盘存制下，财产清查是证实账面结存数是否准确的重要手段。

子项目2 财产清查方法

学习任务

通过学习，了解财产清查的意义、方法；能在财产清查前做好必要的准备，能确定适合的方法对各类财产物资进行有效清查。

知识准备

财产清查的范围相当广泛，包括本单位的全部资产与权益，也包括本单位为其他单位和个人代管的财产物资。

一、财产清查的意义

(1)可以通过财产清查来确定财产物资的账面结存数(实地盘存)或证明财产物资的账面结存数(永续盘存制)是否准确可靠，最终达成账实相符。

(2)可以强化对财产物资的监管，财产清查是财产物资安全保证、品质保证的主要手段。同时也会促使企业不断健全财产物资的管理制度，提升财产物资管理水平。

(3)对财产清查结果的科学处理，可以提高财产物资的利用率和利用效果，减少财产物资的资金占用。比如及时处理仓库的积压物资。

二、财产清查的准备工作

财产清查的准备工作包括业务准备和组织准备，对于全面清查而言，两者都很重要；而对于一些针对性很强的局部清查，业务准备更为重要。

(一)业务准备

(1)至清查日止，会计将所有财产物资收发凭证全部入账，算出账面结存数，确保账证相符，财产物资的总账与明细账相符。

(2)至清查日止，财产物资的保管使用人员也要将所有实物收发凭证全部入账，算出保管使用部门财产物资账目的账面结存数，并与会计的财产物资账目核对相符。

(3)财产物资的保管使用人员要将备查实物整理清楚、挂上标签，标明品种、规格和账面结存数量，以便查对。

(4)财产清查前对各种度量衡的器具进行严格检查，以保证计量准确可靠。此外，还应事先准备好各种记录表单，供清查盘点之用，保证清查顺利进行。

(二)组织准备

(1)成立清查领导小组，配备清查人员。

(2)做好财产清查的具体实施方案。

(3)对财产物资的清查实行全过程监督。

(4)及时上报清查结果及处理意见。

三、财产清查的方法

(一)实物清查

1. 清查人员

(1)清查领导小组派出的清查人员、财产物资的保管人员。

(2)清查必须有实物保管人员参加，但保管人员不能单独承担财产物资的清查工作。

2. 清查对象

原材料、燃料、包装物、低值易耗品，在产品、自制半成品、库存商品等存货；厂房设备、汽车、工程物资等；经营租入物资、受托代管物资等(经营租赁物资、代管物资虽不是企业的资产但也要保管好，丢失或损坏也得赔偿)。

3. 清查方法

(1)实地盘点法。实地盘点法是指在财产物资存放现场通过逐一清点或用计量仪器准确计量，来确定财产物资实存数的一种方法。企业的大部分实物的盘点都采用此种方法。图 7-1 为某企业正在对仓库进行实地盘点。

图 7-1 实地盘点

(2)技术推算盘点法。指依据量方、计尺等方法获得的数据，推算出财产物资的实有数量，适用于量大价低、成堆笨重实物的盘点。

(3)物理或化学的方法。用于检验实物质量。

4. 实物清查过程

(1)认真清点实物。

(2)如实填写盘存单，清点人员和保管人员都要在“盘存单”上签字或盖章确认。

盘存单一式三份，一份清点人员留存备查；一份交由实物保管人员保存，一份交由会计部门与账簿记录相核对。盘存单格式如图 7–2 所示。盘存单不能作为调整账面记录的依据。

盘存单

编号：01811

财产类别　　　　　　年　月　日　　　　　　存放地点

编号	名称规格	计量单位	数量	单价	金额	备注

盘点人（签章）：　　　　　　实物保管人（签章）：

图 7–2　盘存单

(3) 会计人员将盘存单与会计的账簿记录相核对，对账实不符的实物，填写"账存实存对比表"，该表是调整有关账簿记录的原始依据。对比表的格式如图 7–3 所示。

账存实存对比表

年　月　日　　　　　　编号：

编号	名称规格	计量单位	单价	实际盘存		账面盘存		盘盈		盘亏	
				数量	金额	数量	金额	数量	金额	数量	金额

会计主管（签章）：　　　　复核（签章）：　　　　制表（签章）：

图 7–3　账存实存对比表

初试身手

1. 某服装厂 2019 年 11 月 30 日盘点了 2 号仓库的部分存货，结果如下：A01 号锦棉布 3 000 码，单价 6.80 元；B02 号拉链 500 米，单价 0.40 元；C01 号男式夹克 800 件，单价 58 元，请以盘点员身份在图 7–2 上编制盘存单。

2. 该服装厂 2019 年 11 月 30 日，会计的"物资明细账"显示：A01 号锦棉布 3 010 码；B02 号拉链 495 米；C01 号男式夹克 800 件。请以制表人的身份在图 7–3 上编制"账存实存对比表"。

(二) 库存现金的清查

1. 清查人员

清查领导小组派出的清查人员、出纳人员。出纳人员必须参加清查，但出纳人员不得单独承担库存现金的清查工作。

2. 清查方法

库存现金的清查采用实地盘点法。

3. 清查过程

(1) 清点现金，确定库存现金实存数。清点时不得以收据、借据充抵现金，并注意库存现金有无超过限额，有无坐支现金等违反现金管理规定的现象。

(2)将库存现金实际结存数与"库存现金日记账"的账面结存数进行核对，确定现金的长短款数额。

(3)编制"库存现金盘点表"，盘点人员和出纳人员都要签章，"库存现金盘点表"的格式如图7-4所示。

库存现金盘点表

年　月　日　　　　　　编号：

账存金额	实存金额	盘　盈	盘　亏	备　注

盘点人（签章）：　　　　　　　　　　出纳员（签章）：

图7-4　库存现金盘点表

(三)银行存款的清查

1. 清查方法：账项核对

企业定期将"银行存款日记账"与开户行转来的"银行对账单"逐笔核对，以查明账实是否相符。

2. 寻找账实不符的原因

如果双方记账都正确无误，账实不符一般是由未达账项造成。

所谓未达账项就是由于结算凭证在企业与银行之间的传递上有先有后，造成一方已登记入账而另一方尚未登记入账的款项。

未达账项有以下四种：

(1)企业已记增加，开户行未收到结算凭证尚未记增加；

(2)企业已记减少，开户行未收到结算凭证尚未记减少；

(3)开户行已记增加，企业未收到结算凭证尚未记增加；

(4)开户行已记减少，企业未收到结算凭证尚未记减少。

3. 根据原因对结果进行处理

如果是重记、漏记、错记造成账实不符则应按规定手续和方法更正错账；如果是未达账项造成的账实不符，则通过编制"银行存款余额调节表"进行调节。

业务示范：

2020年1月31日，卓卓软件公司出纳与开户银行核对当月21日至31日的账目。

双方记账均正确无误，账实不符是由未达账项造成的。经逐笔核对，未达账项总共有四笔，分别是：

(1)1月28日，企业收到押金3 000元已入账，但开户银行尚未入账。

(2)1月30日，企业预付购料款48 000元已入账，但开户银行尚未入账。

(3)1月30日，开户银行代付电费2 500元已入账，企业尚未入账。

银行存款对账单

2020年 月	日	结算凭证号码	摘要	借方金额	贷方金额	余额
1	20	（略）	（略）			56600000
1	21	现金支票 101129	提取现金	200000		56400000
1	22	电汇凭证 2934507	收回货款		5265000	61665000
1	25	电汇凭证 9037081	归还货款	6318000		55347000
1	27	转账支票 425005	收到投资款		30000000	85347000
1	30	委托收款 650519	支付电费	250000		85097000
1	30	电汇凭证 315902	预收服务费		10130000	95227000

中国工商银行晋江支行金井营业部 2020年1月31日

图 7–5 银行存款对账单

银行存款日记账

2020年 月	日	凭证号数	结算方式	摘要	借方金额	核对	贷方金额	核对	结存	核对
1	20		（略）	（略）					56600000	√
1	21	银付 012	现金支票 101129	提取现金			200000	√	56400000	√
1	22	银收 015	电汇凭证 2934507	收回货款	5265000	√			61665000	√
1	25	银付 012	电汇凭证 9037081	归还货款			6318000	√	55347000	√
1	27	银收 016	转账支票 425005	收到投资款	30000000	√			85347000	√
1	28	银收 017	转账支票 832008	收到押金	300000	√			85647000	√
1	30	银付 012	转账支票 108903	预付购料款			4800000	√	80847000	√

图 7–6 银行存款日记账

（4）1月30日，开户银行代收服务费101 300元已入账，企业尚未入账。

编制银行存款余额调节表，如图7–7所示。

调节后相符的银行存款余额是单位可以使用的银行存款实有数。

银行存款余额调节表不能作为单位调整账面记录的原始凭证，只有在收到未达账项的结算凭证后，才能按规定的核算程序调整账面记录。

（四）往来款项的清查

1. 清查对象

应收账款、应付账款、预收账款、预付账款、其他应收款、其他应付款、应收票据、应付票据等。

银行存款余额调节表

银行账号：　　　　　　　　2020 年 1 月 31 日　　　　　　　　币种：人民币

银行对账单	金额									银行存款日记账	金额								
	百	十	万	千	百	十	元	角	分		百	十	万	千	百	十	元	角	分
调节前的余额		9	5	2	2	7	0	0	0	调节前的余额		8	0	8	4	7	0	0	0
加：企业已收、银行未收的金额				3	0	0	0	0	0	加：银行已收、企业未收的金额		1	0	1	3	0	0	0	0
减：企业已付、银行未付的金额			4	8	0	0	0	0	0	减：银行已付、企业未付的金额				2	5	0	0	0	0
调节后的余额		9	0	7	2	7	0	0	0	调节后的余额		9	0	7	2	7	0	0	0

会　计：刘东来　　　　　　　　　　　　出　纳：黄洋洋

图 7-7　银行存款余额调节表

2. 清查方法

通过我方主动发函询证或与对方发来的“对账单”核对账目等方法进行财产清查。

3. 清查过程

(1)将截止清查日的有关结算凭证全部入账，确保往来账款的总账与明细账核对相符。

(2)编制“往来款项对账单”一式两联，送交对方单位进行核对。

(3)收到对方单位核对后退回的“对账单”(应加盖对方单位公章)，应填制“往来款项清查表”，其格式如图 7-8 所示。

往来款项清查报告表

总账名称　　　　　　　　　年　月　日

明细账户		清查结果		账实不符原因			备注
名　称	账面余额	不相符余额	不相符余额	未达账项	有争议款项	其他	

记账人员（签章）：　　　　　　　　　　清查人员（签章）：

图 7-8　往来款项清查报告表

如果是未达款项，应及时了解款项处在业务流程的哪个环节，并追踪其行程；如果是有争议的款项，应向领导汇报，及时联络对方单位，一起商谈解决。

任务完成

通过学习，学生们掌握了财产清查的方法和流程、能够对实物资产、库存现金、银行存款、往来款项进行财产清查。

其中银行存款余额调节表的计算公式为：

银行存款日记账调节后的余额=调节前余额+银行已收企业未收金额-银行已付企业未付金额

银行对账单调节后的余额=调节前余额+企业已收银行未收金额-企业已付银行未付金额

（这两个计算公式共同的特征就是银行与企业都将各自未达的账项先加上或减掉）

学生们在学习过程中学会了归纳，发现，在财产清查过程中形成的一些单据，有的可以作为编制记账凭证的原始凭证，如“账存实存对比表”“库存现金盘点表”；有些则不能作为调整账簿的依据，如“盘存单”“银行存款余额调节表”“往来款项清查报告表”等。

子项目3 财产清查结果的账务处理

学习任务

通过学习，学生们能为财产清查结果的账务处理设置账户，编制会计分录，能将财产清查结果处理的会计分录从具体业务中剥离，形成一个适用于任何企业财产清查结果处理的会计分录集。

知识准备

一、账户设置

待处理财产损溢是具有双重性质的资产类账户，用来核算单位在清查财产过程中查明的各种财产物资的盘盈、盘亏和毁损。

借方	待处理财产损溢（借+贷-） 贷方
★处理前的财产物资盘亏数额、损毁数额	★处理前的财产物资盘盈数额
★经批准转销的盘盈数额	★经批准转销的盘亏数额
平时借方余额：尚未处理的净损失数额	平时贷方余额：尚未处理的净溢余数额
年末结转后无余额	

本账户下设“待处理流动资产损溢”“待处理固定资产损溢”两个明细账户。

二、账务处理

1. 账务处理的一般规定

根据盈亏的成因，经领导批准后对财产清查的结果进行处理。但《企业会计准则》明确要求，在资产负债表日，即使企业没有作出处理决定，也应将“待处理财产损溢”账户余额结平，计入当期损益。

2. 具体业务

【例 7–1】 2020 年 1 月 15 日，某企业的“库存现金盘点表”显示，现金短少 12 元。

本项事项的会计分录编制如下：

借：待处理财产损溢——待处理流动资产损溢（资产类 +）　　12.00
　　贷：库存现金（资产类 –）　　12.00

【例 7–2】 现金短少系出纳工作不认真造成，经批准，由出纳赔偿，待发工资时从其工资中直接扣除。

本项事项的会计分录编制如下：

借：其他应收款——某出纳（资产类 +）　　12.00
　　贷：待处理财产损溢——待处理流动资产损溢（资产类 –）　　12.00

【例 7–3】 某企业在财产清查过程中，发现 A 商品短少共 10 千克，该商品每千克的成本价为 58 元。

本事项的会计分录编制如下：

借：待处理财产损溢——待处理流动资产损溢（资产类+）　　580.00
　　贷：库存商品——A 商品（资产类–）　　580. 00

【例 7–4】 A 商品短少 10 千克属于定额内损耗，请按会计制度有关规定进行处理。

本事项的会计分录编制如下：

借：管理费用（损益类中的费用类+）　　580.00
　　贷：待处理财产损溢——待处理流动资产损溢（资产类–）　　580.00

【例 7–5】 某企业在财产清查过程中，发现一台手提电脑损毁，该电脑原值为 5000 元，已提折旧 3000 元。

本事项的会计分录编制如下：

借：待处理财产损溢—待处理固定资产损溢（资产类+）　　2 000.00
　　累计折旧（资产类中的备抵类–）　　3 000.00
　　贷：固定资产——手提电脑（资产类–）　　5 000.00

【例 7–6】 经查，电脑损毁是因为连续使用时间过长造成的，属于管理不善导致的提前报废。该电脑进项增值税已全额抵扣，损失部分价值的已扣增值税[（5 000–3 000）× 13%]260 元应当转出。使用人员没有按规定要求使用企业设备，应承担 30% 的损失。

本事项的会计分录编制如下：

借：其他应收款——某使用者（资产类+）　　678.00
　　营业外支出（损益类中支出类+）　　1 582.00
　　贷：待处理财产损溢——待处理固定资产损溢（资产类-）　　2 000.00
　　　　应交税费——应交增值税（进项税额转出）（负债类+）　　260.00

【例 7-7】 某企业在财产清查过程中，发现一台账外设备，市场重估价值为 10 000 元，八成新。

本事项的会计分录编制如下：

借：固定资产——某设备（资产类+）　　8 000.00
　　贷：以前年度损益调整（损益类中收益类+）　　8 000.00

【例 7-8】 按企业会计制度的规定，对盘盈账外设备进行处理。

本事项的会计分录编制如下：

借：以前年度损益调整（损益类中收益类-）　　8 000.00
　　贷：应交税费——应交所得税（负债类+）　　2 000.00
　　　　盈余公积（所有者权益类+）　　600.00
　　　　利润分配——未分配利润（所有者权益类+）　　5 400.00

初试身手

1. 某服装厂某日盘点，发现现金多出 30 元，原因不明，请编制处理前和处理后的会计分录。

2. 某服装厂某日财产清查，发现材料短少 50 000 元，系台风造成，保险公司按规定赔偿 30 000 元，请编制处理前和处理后的会计分录。

3. 某食品企业财产清查中发现散装大米多出 30 千克，每千克成本 3.80 元，属于自然溢余，请编制处理前和处理后的会计分录。

任务完成

通过认真的学习，并在老师的指点下，多数学生都能归纳出材料采购业务的基本会计分录集，其中吴思盈同学归纳得最好，现展示如下：

一、库存现金

（一）长款

1. 处理前（或批准前）

借：库存现金
　　贷：待处理财产损溢—待处理流动资产损溢

2. 处理(或批准后)

借：待处理财产损溢—待处理流动资产损溢
　　贷：其他应付款(查明原因，如多收客户款项等)
　　　　营业外收入(无法查明原因的)

(二)短款

1. 处理前(或批准前)

借：待处理财产损溢—待处理流动资产损溢
　　贷：库存现金

2. 处理(或批准后)

借：其他应收款—出纳员(责任人赔偿)
　　营业外支出(非常损失或无法查明原因的短款)
　　贷：待处理财产损溢—待处理流动资产损溢

二、存货等流动资产

(一)盘盈

1. 处理前(或批准前)

借：原材料/周转材料/库存商品等(盘盈什么借什么)
　　贷：待处理财产损溢—待处理流动资产损溢

2. 处理(或批准后)

借：待处理财产损溢—待处理流动资产损溢
　　贷：管理费用(定额内溢余、自然溢余、计量不准等原因形成的溢余)

(二)盘亏

1. 处理前(或批准前)

借：待处理财产损溢—待处理流动资产损溢
　　贷：原材料/周转材料/库存商品等(盘亏什么贷什么)

2. 处理(或批准后)

定额内损耗、自然损耗、自然灾害造成的损失，已抵扣进项税额不必转出

借：管理费用(定额内损耗、自然损耗等造成的净损失)
　　其他应收款(保险公司或相关责任人赔偿)
　　营业外支出(自然灾害造成的净损失)
　　贷：待处理财产损溢—待处理固定资产损溢

非常损失，已抵扣进项税额应当转出

借：其他应收款(责任人或保险公司赔偿)
　　管理费用(净损失)
　　贷：待处理财产损溢—待处理固定资产损溢
　　　　应交税费—应交增值税(进项税额转出)

三、固定资产

(一)盘盈

1. 处理前(或批准前)

借：固定资产
　　贷：以前年度损益调整

2. 处理(或批准后)

借：以前年度损益调整
　　贷：应交税费—应交所得税
　　　　　　　盈余公积(按扣除所得税后的净值乘以规定的比率)
　　　　利润分配—未分配利润

(二)盘亏

1. 处理前(或批准前)

借：待处理财产损溢—待处理固定资产损溢
　　累计折旧
　　贷：固定资产

2. 处理(或批准后)

正常报废、自然灾害造成的损失，损失部分已抵扣的进项税额不必转出

借：其他应收款(保险公司赔偿)
　　营业外支出(净损失)
　　贷：待处理财产损溢—待处理固定资产损溢

非常损失，损失部分已抵扣的进项税应当转出

借：其他应收款(责任人或保险公司赔偿)
　　营业外支出(净损失)
　　贷：待处理财产损溢—待处理固定资产损溢
　　　　应交税费—应交增值税(进项税额转出)

特别提示：非常损失是指企业财产物资因管理不善丢失、被盗、霉烂变质，或因违反法规被依法损毁、没收、拆除所造成的损失。

项目八
财务会计报告

学习目标

知识目标： 了解财务会计报告的含义、目标、分类及编制要求，熟悉资产负债表、利润表的结构及编制方法。

能力目标： 能独立编制简单的资产负债和利润表。

思政目标： 确保财务报告真实、合法，在实际工作中不折不扣地执行会计法律及会计行政法规，做会计法律制度的自觉遵守者、坚定捍卫者。

子项目1 财务会计报告概述

学习任务

通过学习，了解财务会计报告的含义、编制财务会计报告的目标及意义、财务会计报告的组成及种类、财务报告的编制要求等。

知识准备

财务会计报告是根据审核无误的账簿记录和有关资料编制的，由单位统一对外提供的反映单位某一特定日期财务状况和某一会计期间经营成果、现金流量等会计信息的书面文件。

一、财务会计报告的目标

《企业会计准则——基本准则》第四条规定：财务会计报告的目标是向财务会计报告使用者提供与企业财务状况、经营成果和现金流量等有关会计信息，反映管理层受托责任履行情况，有助于财务会计报告使用者作出经济决策。

二、财务会计报告的组成

根据《会计法》第二十条第二款规定："财务会计报告由会计报表、会计报表附注和财务情况说明书组成。"

会计报表是财务会计报告的主体和核心，会计报表至少应当包括资产负债表、利润表、现金流量表和所有者(股东)权益变动表。

会计报表附注是财务会计报告的一个重要组成部分，主要对会计报表的编制基础、编制依据、编制原则、编制方法及主要项目等所作的解释。

财务情况说明书也是财务会计报告的重要组成部分，是对一定会计期间内财务、成本等情况进行分析总结的书面文字报告。财务报告说明书全面提供公司的生产经营、业务活动情况。分析总结公司的经营业绩，指出公司在经营中存在的问题及不足。

会计报表附注和财务情况说明书有利于增进会计信息的可理解性，提高会计信息可比性和突出重要的会计信息。

三、财务会计报表的分类

财务会计报表按不同的标准，可以分成不同的类别。

(一)按反映的经济内容可以分成反映财务状况的报表和反映经营成果的报表

(1)反映财务状况的报表有：资产负债表(静态状况)、现金流量表(动态状况)。

(2)反映经营成果的报表：利润表。

(二)按编制时间可以分成年度财务报表和中期财务报表

(1)年度财务报表(简称年报)又称决算报表，包括资产负债表、利润表、现金流量表(小企业可以不编报现金流量表)、所有者(股东)权益变动表以及其他附表。

(2)中期财务报表(简称中报)包括月报、季报和半年报，主要有资产负债表、利润表、现金流量表以及报表附注。

(三)按报送对象可以分成对外财务报表和内部财务报表

(1)对外财务报表是指按规定必须向政府有关部门、投资人、债权人及社会公众报送的报表，主要有资产负债表、利润表、现金流量表、所有者(股东)权益变动表等。附注和财务情况说明书也应随同报表一道对外报送。

对外报送报表的格式、编制方法、报送时间均由财政部门统一规定，各单位遵照执行。

(2)内部财务报表是指单位因内部经营管理的需要而自行设计、定期编制、不对外公开的财务报表。比如：主营业务成本明细表、制造费用明细表、产品生产成本明细表等。

此外，还可以按编制单位，将财务会计报表分成单位财务报表和汇总财务报表；按包括的会计主体范围，将财务会计报表分成单独财务报表和合并财务报表。

四、财务会计报表的编制要求

企业应以持续经营为基本前提编制财务报表，以权责发生制为会计基础编制资产负债表和利润表，以收付实现制为会计基础编制现金流量表。要确保财务会计报表的质量，企业在编制报表时还应满足下列要求。

1. 数字真实

企业必须对实际发生的交易或事项，按照会计准则的规定进行确认、计量和记录，在账证相符，账账相符、账实相符的基础上编制财务会计报表，真实而公允地反映企业的财务状况、经营成果以及现金流量。

2. 计算准确

呈现在财务报表中的各项数据应按规定渠道获得并计算准确。

3. 内容完整

企业必须根据会计准则规定的报表种类、格式和内容来编制财务会计报表；每种报表的各项目以及补充资料必须填列齐全。

4. 报送及时

月报应于月度终了6天内对外提供；季报应于季度终了15天内对外提供；半年报应于半年度结束后60天内对外提供；年报应于年度终了4个月内对外提供。

初试身手

1. 小企业的会计报表至少应当包括(　　)。

A. 资产负债表　　B. 利润表

C. 现金流量表　　D. 所有者权益变动表

2. 企业应当以收付实现制为会计基础编制(　　)。

A. 资产负债表　　B. 利润表

C. 现金流量表　　D. 所有者权益变动表

任务完成

通过学习，学生们知晓了财务会计报告的含义、财务会计报告的目标、财务会计报告的组成及分类以及财务会计报表的编制要求等。

有一部分学生对企业内部报表比较有兴趣。企业内部报表承载了很多企业内部资料，是企业加强内部管理的重要依据，也是企业不能对外公开的秘密。一个好的会计不但要会编制对外财务会计报告，还要能根据企业特点及管理需要为企业设计编制内部报表，当然这是一个长期的过程，希望学生努力，将来成为一个内外兼修的好会计。

子项目2　资产负债表的编制

学习任务

通过学习，了解资产负债表概念、结构、编制方法，能独立地编制简单的资产负债表。

知识准备

资产负债表是综合反映企业在某一特定日期(月末、季末、年末)全部资产、全部负债和所有者权益状况的报表。资产负债表是会计报表的主要报表，为企业财务分析提供客观数据。

一、资产负债表的结构

1. 编制资产负债表的理论依据

会计平衡公式：**资产=负债+所有者权益。**

2. 资产负债表的基本结构

资产负债表的基本结构如图 8-1 所示。

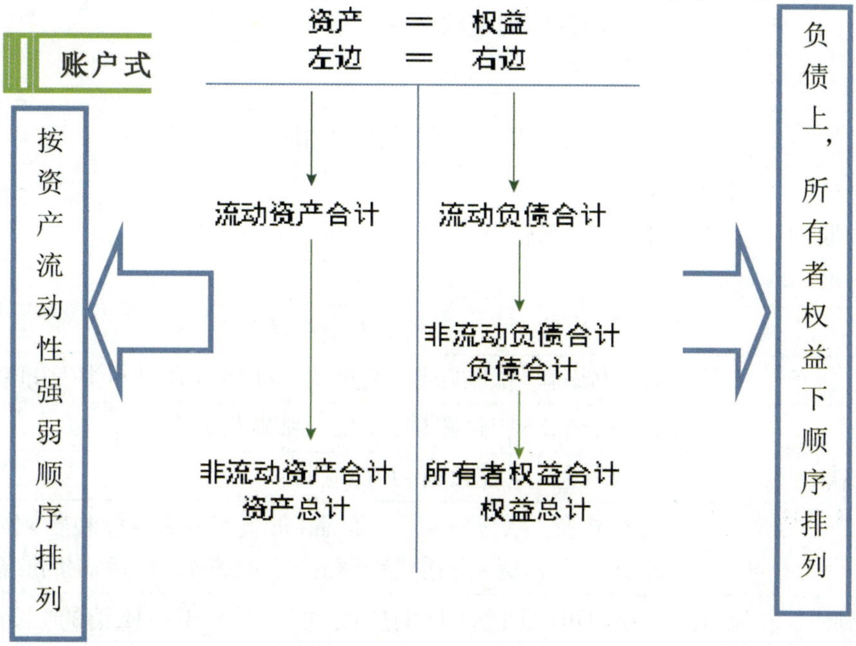

图 8-1　资产负债表结构图

二、资产负债表的编制方法

资产负债表项目是根据账户余额直接填列或分析计算后填列的。

(一) 报表中各项目的年初数应根据上一年度资产负债表的年末数填列。

如果资产负债表本年度某些项目的名称和内容与上年度不一致，应按本年度规定，调整上年度资产负债表中该项目的名称和金额，才可填入本年度相对应项目的年初数栏内。

(二) 确定期末余额的方式

1. 根据同名总账的期末余额直接填列的报表项目

有些报表项目和总账同名，不但同名而且内涵也相同，如实收资本、短期借款等，这些报表项目就可以根据同名总账的期末余额直接填列。

2. 根据有关总账或明细账期末余额分析计算填列的报表项目

有些报表项目虽有同名总账，但其内涵却是不同的，如应收账款、固定资产、长期借款等，还有一些报表项目根本就没有同名总账，如存货、一年内到期的非流动资产等，所有这些报表项目都需要根据有关总账或明细账的期末余额分析计算后填列。

（三）资产负债表具体项目填列说明

1. 资产项目

资产负债表中资产项目填写说明见表 8-1。

表 8-1　资产项目填列说明

资　　产	有关项目填列说明：
流动资产：	
货币资金	库存现金+银行存款+其他货币资产
以公允价值计量且变动计入当期损益的金融资产	根据“交易性金融资产”总账期末余额填列
应收票据	根据“应收票据”总账期末余额填列
应收账款	（应收账款+预收账款）所属明细账借方余额 – 坏账准备
预付账款	（预付账款+应付账款）所属明细账借方余额
其他应收款	应收利息+应收股利+其他应收款
存货	在途物资+原材料+库存商品+低值易耗品+包装物+发出商品+委托加工物资+委托代销商品+生产成本–存货跌价准备
一年内到期非流动资产	1 年内可收回的“长期应收款”+在 1 年内摊销的“长期待摊费用”+1 年内到期的“持有至投资”
非流动资产：	
可供出售的金融资产	可供出售的金融资产–可供出售金融资产减值准备
持有至到期投资	持有至到期投–1 年内到期数额–持有至到期投资减值准备
长期应收款	长期应收款–1 年内可收回的数额
长期股权投资	长期股权投资–长期股权投资减值准备
固定资产	固定资产–累计折旧–固定资产减值准备±固定资产清理
在建工程	在建工程–在建工程减值准备+工程物资–工程物资减值准备
无形资产	无形资产–累计摊销–无形资产减值准备
长期待摊费用	长期待摊费用–将在 1 年内摊销的数额
资产总计	流动资产合计+非流动资产合计

2. 权益项目

资产负债表权益项目填写说明见表 8-2。

表 8-2　权益项目填列说明

负债+所有者权益	有关项目填列说明：
流动负债：	
短期借款	根据同名账户总账期末余额填列
以公允价值计量且变动计入当期损益的金融负债	根据“交易性金融负债”总账期末余额填列
应付票据	根据“应付票据”总账期末余额填列
应付账款	（应付账款+预付账款）所属明细账贷方余额
预收账款	（预收账款+应收账款）所属明细账贷方余额
应付职工薪酬	根据同名账户贷方余额填列（借方余额以“-”号填列）
应交税费	
其他应付款	应付利息+应付股利+其他应付款
一年内到期非流动负债	1 年内到期的（长期借款+应付债券+长期应付款）
非流动负债：	
长期借款	根据同名账户总账期末余额-1 年内到期的数额
应付债券	
长期应付款	
负债合计	流动负债合计+非流动负债合计
所有者权益	
实收资本	根据同名账户总账期末余额填列
资本公积	
盈余公积	
未分配利润	（本年利润+利润分配）（贷方余额正数、借方余额负数）
权益总计	负债合计+所有者权益合计

三、具体业务

（一）资料

新丝路公司 2019 年 12 月 31 日有关账户的期末余额，如表 8-3 所示。

表 8-3　新思路公司账户余额表

2019 年 12 月 31 日　　　　单位：元

账户名称	借或贷	期末余额	账户名称	借或贷	期末余额
库存现金	借	10 000	短期借款	贷	600 000
银行存款	借	400 000	交易性金融负债	贷	50 000
交易性金融资产	借	200 000	应付账款——A ——B	贷 借	320 000 30 000
应收账款——围头公司	借	451 000	预收账款—陆丝商城	借	310 000
预付账款——甲 ——乙	借 贷	34 000 50 000	应付职工薪酬	贷	40 000
其他应收款	借	7 000	应交税费	贷	24 380
在途物资	借	69 000	应付利息	贷	46 000
原材料	借	800 000	其他应付款	贷	7 600
库存商品	借	1131 000	长期借款	贷	1 000 000
长期股权投资	借	300 000	实收资本	贷	2 000 000
固定资产	借	980 000	资本公积	贷	400 000
累计折旧	贷	146 000	盈余公积	贷	36 540
无形资产	借	200 000	利润分配	贷	157 480
累计摊销	贷	44 000			
合计		4342 000	合计		4342 000

其他信息：长期借款两笔，金额均为 50 万元，一笔偿还期限为 2021 年 3 月 30 日，另一笔偿还期限为 2021 年 12 月 30 日。

(二) 业务处理

新丝路公司会计根据账簿记录编制了 2019 年年底的“账户余额表”(见表 8-3)，然后根据“账户余额表”及有关信息编列了 2019 年年报的“年末数”；在编制 2020 年的会计报表时，新丝路公司会计又将 2019 年年报的“年末数”抄录到 2020 年会计报表的“年初数”中，如表 8-4 所示。

初试身手

新丝路公司会计编制了 2020 年 4 月末(月结后)的“账户余额表”，如表 8-5 所示，请学生以新丝路公司会计的身份，根据表 8-5 以及相关信息，编制该公司 2020 年 4 月份的资产负债表，并填写到表 8-4 的“年末数”一栏。

表 8–4　资产负债表(简表)

2020 年 12 月 31 日

会企 01 表

编制单位：新丝路公司　　　　单位：元

资　　产	行次	年初数	年末数	负债及所有者权益	行次	年初数	年末数
流动资产：				流动负债：			
货币资金		410 000		短期借款		600 000	
以公允价值计量且变动计入当期损益的金融资产		200 000		以公允价值计量且变动计入当期损益的金融负债		50 000	
应收票据				应付票据			
应收账款		761 000		应付账款		370 000	
预付账款		64 000		预收账款			
其他应收款		7 000		应付职工薪酬		40 000	
存货		2000 000		应交税费		24 380	
一年内到期非流动资产				其他应付款		53 600	
其他流动资产				一年内到期非流动负债			
流动资产合计		3442 000		其他流动负债			
非流动资产：				流动负债合计		1 137 980	
可供出售金融资产				非流动负债：			
持有至到期投资				长期借款		1 000 000	
长期应收款				应付债券			
长期股权投资		300 000		长期应付款			
固定资产		834 000		其他非流动负债			
在建工程				非流动负债合计		1 000 000	
无形资产		156 000		负债合计		2 137 980	
开发支出				所有者(或股东)权益：			
商誉				实收资本(或股本)		2 000 000	
长期待摊费用				资本公积		400 000	
其他非流动资产				其他综合收益			
非流动资产合计		1290 000		盈余公积		36 540	
				未分配利润		157 480	
				所有者(或股东)权益合计		2594 020	
资产总计		4732 000		负债和所有者权益总计		4 732 000	

表 8-5　新丝路公司 2020 年 4 月末账户余额表

账户名称	借或贷	期末余额	账户名称	借或贷	期末余额
库存现金	借	8 000	短期借款	贷	400 000
银行存款	借	430 000	应付账款——A	借	65 000
应收账款——围头公司 ——金井集团	借 贷	451 000 200 000	预收账款——陆丝商城 ——浪潮商城	借 贷	19 000 58 000
预付账款——甲	借	38 000	应付职工薪酬	贷	35 000
其他应收款	借	5 000	应交税费	借	21 800
在途物资	借	90 000	应付利息	贷	34 000
原材料	借	610 000	其他应付款	贷	2 500
库存商品	借	1 000 000	长期借款	贷	1 000 000
长期股权投资	借	300 000	实收资本	贷	2 000 000
固定资产	借	980 000	资本公积	贷	400 000
累计折旧	贷	154 000	盈余公积	贷	36 540
无形资产	借	200 000	本年利润	借	307 720
累计摊销	贷	48 000	利润分配	贷	157 480
合计		3 710 000	合计		3 710 000

其他信息：长期借款两笔，金额均为 50 万元，一笔偿还期限为 2021 年 3 月 30 日，另一笔偿还期限为 2021 年 12 月 30 日。

任务完成

通过学习，学生们知晓了资产负债表的概念、结构、编制方法，能编制简单的资产负债表。

有学生发现，“账户余额表”与试算平衡表的“期末余额”栏内容基本相同，所以试算平衡表中的余额平衡作为编制财务会计报表的工作底稿。

根据有关总账或明细账期末余额分析计算填列如下：

(1) 根据有关总账余额计算填列：如货币资金、未分配利润等。

(2) 根据有关总账及其明细账分析计算填列：如预收账款、应付账款、预付账款等。

(3) 根据同名总账及其所属明细账期末余额分析计算填列：如长期借款、应付债券、长期待摊费用等。

(4) 根据有关资产类账户与其备抵账户抵销后的净额填列的，如无形资产、长期股权投资等。

(5) 综合运用两种以上的方法，比如应收账款既要根据有关总账及其所属明细账分析计算，又要与其备抵账户(坏账准备)相抵销；又如存货既要根据有关总账余额计算，又要与其备抵账户(存货跌价准备)相抵销。

子项目3 利润表的编制

学习任务

通过学习，了解利润表的概念、结构、编制方法，能独立编制利润表。

知识准备

利润表是反映企业在一定期间盈利或亏损情况的报表。利润表由表首、基本部分和补充资料三部分组成。

一、利润表的结构

（1）编制利润表的理论依据：收入-费用=利润

（2）利润表各项目的计算依据：各项目相关账户的本期累计发生额。

（3）利润表的格式：主要有单步式和多步式。我国利润表采用多步式：

第一步：以营业收入为基础，计算营业利润。

营业利润=营业收入-营业成本-税金及附加-销售费用-管理费用-研发费用-财务费用-资产减值损失-信用减值损失±其他收益±投资收益±净敞口套期收益±公允价值变动收益±资产处置收益

第二步：以营业利润为基础，计算利润总额。

利润总额=营业利润+ 营业外收入-营业外支出

第三步：以营业利润为基础，计算净利润。

如果企业亏损，净利润=利润总额；

如果企业盈利，净利润=利润总额-所得税费用。

第四步：以净利润为基础，计算综合收益总额。

综合收益总额=净利润+ 其他综合收益的税后净额

二、利润表的具体编制方法

（1）“上期金额”根据上年同期利润表“本期金额”栏所列数字填列。

(2)利润表中“本期金额”的填列按当年 1 月 1 日至编制报表月份的月末的累计数填列。利润表各具体项目填列说明如表 8-6 所示。

表 8-6　利润表各项目填列依据

报表项目	填列依据
营业收入	主营业务收入+其他业务收入
营业成本	主营业务成本+其他业务成本
税金及附加、销售费用	根据同名科目的本期累计发生额填列
管理费用	管理费用总账本期累计发生额-研发费用明细账本期累计发生额
研发费用	根据研发费用明细账的本期累计发生额填列
财务费用	根据同名科目的本期累计发生额分析计算填列，若是收益用“-”号
利息费用	根据财务费用总账科目下利息费用明细科目的本期累计发生额填列
利息收入	根据财务费用总账科目下利息收入明细科目的本期累计发生额填列
资产减值损失	根据同名科目的本期累计发生额填列
信用减值损失	根据同名科目的本期累计发生额填列
其他收益	根据相关科目的本期累计发生额填列，若是损失以“-”号填列
投资收益	根据相关科目的本期累计发生额填列，若是投资净亏损以“-”号填列
净敞口套期收益	根据相关科目的本期累计发生额填列，若是损失以“-”号填列
允价值变动收益	根据相关科目的本期累计发生额填列，若是损失以“-”号填列
资产产处置收益	根据同名科目的本期累计发生额填列，若是损失以“-”号填列
营业外收入	根据同名科目的本期累计发生额填列
营业外支出、所得税费用	根据同名科目的本期累计发生额填列

三、具体业务

（一）资料

（1）晋江大美服饰 2019 年 3 月 31 日损益类账户的本年累计发生额，如表 8-7 所示。

表 8-7　2019 年第一季度损益类账户本年累计发生额

账户名称	借方发生额	贷方发生额	账户名称	借方发生额	贷方发生额
主营业务收入		3 842 700	财务费用	174 000	
其他业务收入		194 800	其中：利息支出	118 400	
主营业务成本	2 075 900		利息收入	3 620	
其他业务成本	139 500		资产处置收益		25 000
税金及附加	134 000		营业外收入		5 000
销售费用	268 000		营业外支出	3 100	
管理费用 其中：研发费用	478 000 60 300		所得税费用	199 525	

（2）著成服饰会计根据表8-7的资料，编制并填列了该公司2019年3月份损益表中的“本期金额”栏，在该公司编制2020年3月份损益表时，将2019年3月份损益表中的“本期金额”栏的资料录到“上期金额栏”当中，如表8-8所示。

表8-8　利润表(简表)

会企02表

编制单位：晋江大美服饰　　　　2020年3月　　　　单位：元

项　　目	本期金额	上期金额
一、营业收入		4 037 500. 00
减：营业成本		2 215 400. 00
税金及附加		134 000. 00
销售费用		268 000. 00
管理费用		417 700. 00
研发费用		60 300. 00
财务费用(收益以“-”号填列)		174 000. 00
其中：利息费用		118 400. 00
利息收入		3 620. 00
资产减值损失		
信用减值损失		
加：其他收益		
投资收益(损失以“-”号填列)		
其中：对联营企业和合营企业的投资收益		
净敞口套期收益(损失以“-”号填列)		
公允价值变动收益(损失以“-”号填列)		
资产处置收益(损失以“-”号填列)		25 000. 00
二、营业利润		793 100. 00
加：营业外收入		5 000. 00
减：营业外支出		3 100. 00
三、利润总额(亏损总额以“-”号填列)		795 000. 00
减：所得税费用		199 525. 00
四、净利润(净亏损以“-”号填列)		595 475. 00
五、其他综合收益的税后净额		
六、综合收益总额		595 475. 00

初试身手

著成服饰公司会计编制了2020年“第一季度损益类账户本年累计发生额”，如表8-9所示，请学生以著成服饰会计的身份，根据表8-9的有关信息，编制该公司2020年3月的利润表，并将编制结果呈现在表8-8的“本期金额”栏里。

表8-9 2020年大美服饰第一季度损益类账户本年累计发生额

账户名称	借方发生额	贷方发生额	账户名称	借方发生额	贷方发生额
主营业务收入		4 611 240	财务费用 其中：利息费用 利息收入	208 800 145 300 5 680	
其他业务收入		233 760			
主营业务成本	2 491 080				
其他业务成本	167 400		资产处置收益		30 000
税金及附加	160 800		营业外收入		6 000
销售费用	321 600		营业外支出	3 720	
管理费用 其中：研发费用	573 600 80 400		所得税费用	239 430	

任务完成

通过学习，学生们知晓了利润表的概念、结构、格式以及编制方法，经过练习，也能独立地编制利润表。

学生在练习中还提出一个问题，为什么“本期金额”不是填写当月发生的金额，而是从年初至当月的累计金额呢？为什么“上期金额”不是填写上个月的金额，而是上年同期报表的“本期金额”呢？

首先，这是《企业会计准则》的规定：

《企业会计准则第32号—中期财务报告》第三章第十二条规定：中期利润表要填列本年1月1日至中期期末的各对应项目累计数，年度利润表要填列本年1月1日至12月31日的各对应项目累计数。

注册会计师全国统一考试辅导教材《会计》和全国会计专业技术资格考试辅导教材《中级会计实务》都认为：利润表中的“上期金额”即指上年同期金额。

其次，这样填列有三个优点：

(1)“本期金额”反映企业年初至月末的累计经济效益，比只反映单月效益更全面、更客观，更有利于报表使用者对报表的使用。

(2)报表使用者可以将本月(期)的“本期金额”与上月(期)的“本期金额”比较，从而掌握企业经营的年内走势，所以报表上不必反映单月指标。

(3)通过“本期金额”与“上期金额”比较，找出本年与上年同期利润的差额，报表使用者可从中发现企业年度间的经营发展趋势。

项目九
会计核算程序

学习目标

知识目标： 了解会计核算程序的概念，熟悉会计核算程序的基本模式，清楚各种核算程序的优缺点及适用范围，能根据企业具体情况选择适合的核算程序。

能力目标： 掌握记账凭证核算程序和科目汇总表核算程序。

思政目标： 理解程序合法的重要意义，会计不仅要实体合法，也要程序合法。

子项目1 会计核算程序概述

学习任务

通过学习，学生不但要能掌握会计核算程序的基本步骤，各种核算程序的区别，也能正确地选择会计核算程序，了解核算程序对会计核算的重要意义。

知识准备

一、会计核算程序的含义

会计核算程序是指在会计核算中，账簿组织、记账程序和会计报表有机结合的形式。

账簿组织是会计核算程序的核心，指设置凭证和账簿的种类、格式等。

记账程序是指填制和审核凭证、登记账簿、编制财务报表的工作流程。

会计核算程序一般分四步，如图9-1所示。

1. 填制和审核会计凭证

图9-1　会计核算程序图

(1)填制和审核原始凭证。

(2)填制和审核记账凭证。

2. 登记会计账簿

(1)登记日记账。

(2)登记明细分类账。

(3)登记总分类账。

3. 对账

(1)账证核对。

(2)账账核对。

(3)账实核对(包含财产清查)。

4. 编制财务报告

编制完报表后还要进行账表核对。

二、会计核算程序的种类与选择

会计核算程序因登记总账的依据和方法不同，主要分为以下四种核算程序：

(1)记账凭证核算程序(根据记账凭证逐笔登记总账)。

(2)科目汇总表核算程序(编制科目汇总表，然后根据科目汇总表登记总账)。

(3)汇总记账凭证核算程序(编制汇总记账凭证，然后根据汇总记账凭证登记总账)。

(4)多栏式日记账核算程序(根据多栏式现金日记账、多栏式银行存款日记账、转账凭证登记总账)。

企业将根据经济业务的性质、规模的大小、业务的繁简以及管理的需要选择适合的会计核算程序。需要说明的是，会计电算化企业不存在核算程序选择的问题。

本书主要介绍记账凭证核算程序和科目汇总表核算程序。

任务完成

通过学习，学生们不但了解了会计核算程序的含义及步骤，也知道了各种核算程序的区别在于登记总账的依据和方法不同，更明白了选择合适的会计核算程序的意义。

(1)适当的程序可以准确反映本单位的会计信息，可提高会计信息的质量。

(2)适当的核算流程，可以简化核算手续，提高会计工作效率。

在老师的引导下，学生们深入思考了内容与程序的关系，明白了程序与内容同样重要。

子项目2　记账凭证核算程序

学习任务

以做促学，通过学做结合，学生们熟悉了记账凭证核算程序的各步骤、各环节，了解了记账凭证核算程序的特点、优缺点以及其适用范围。

知识准备

记账凭证的核算程序是最基本的会计核算程序，其他会计核算程序都是在此基础上，根据管理的需要发展产生的。

一、记账凭证核算程序的特点

最大特点是根据记账凭证逐笔登记总分类账。

二、记账凭证核算程序的账簿组织

1. 会计凭证

一般采用(收、付、转)专用凭证，也可采用通用记账凭证。

2. 账簿组织

(1)日记账，一般开设现金日记账、银行存款日记账，采用三栏式账页。

(2)根据管理需要设置各类明细账，账页格式一般采用三栏式、多栏式、数量金额式。

(3)总分类账一般采用三栏式账页。

三、记账凭证核算程序的记账程序

请学生们在老师的指点下，来完成美芝服饰公司2020年1月份的会计账务处理，通过实训来感受记账凭证核算程序的记账程序、核算过程。

(一)根据原始凭证或原始凭证汇总表编制收款凭证、付款凭证、转账凭证

业务一：原始凭证及其所反映的经济业务如图9-2、图9-3所示，再加文字说明。

江苏省增值税专用发票

发票联

开票代码：325 931 0112295
开票号码：33228820708
开票日期：2020年1月3日
校验码：9509 8008 3084 45718

机器编号：350820135198

购买方	名称：晋江美芝服饰有限公司 纳税人识别号：350582001143 地址、电话：金井新街85381234 开户行及账号：金井农行53140100001569			密码区	略		
货物或应税劳务、服务名称	规格型号	单位	数量	单价	金额	税率	税额
布料		码	20 000	9.711	194 220.00	13%	25 248.60
合计					¥98 000.00		¥25 248.60
价税合计（大写）	※贰拾壹万玖柒肆佰陆拾捌元陆角整				（小写）¥219 468.60		
销售方	名称：吴江恒宇有限公司 纳税人识别号：320584722206414 地址、电话：黎里镇交通东路20号0512-63511830 开户行及账号：吴江农行黎里办事处9801069818			备注			

发票联 购货方记账凭证

收款人： 复核： 开票人：叶瑜 销货单位：（章）

图9-2 业务一原始凭证1

中国农业银行 电汇凭证 （回 单） 1

委托日期2020年1月3日 N00253054

汇款人	全称	晋江美芝服饰有限公司	收款人	全称	吴江市恒宇有限公司
	账号或住址	53140100001569		账号或住址	9801069811
	汇出地点	福建省 晋江市		汇出地点	江苏省吴江市
汇出行名称		金井农行	汇入行名称		吴江市农行黎里办事处

金额	人民币（大写）	千	百	十	万	千	百	十	元	角	分
	贰拾贰万壹仟肆佰零捌元捌角整		¥	2	2	1	4	0	8	8	0

汇款用途：购布料

汇出行盖章

款项已根据委托办理，如需查询请持回单来行面洽

兴杨印佳

单位主管 授权 复核 录入

图9-3 业务一原始凭证2

增值税专用发票(略)显示：运费 1 780 元，运费的增值税 160. 20 元(说明：因版面关系，对同一类型的单据不重复展示，直接用文字表达单据内容，下同)。

请学生根据业务一审核无误的原始凭证在图 9-4 上编制业务一的付款凭证。

付 款 凭 证

贷方科目：　　　　年　月　日　　　　总第　号　付第　号

摘 要	借方科目		过账	金额									
	总账科目	明细科目		千	百	十	万	千	百	十	元	角	分
附件： 张	合	计											

会计主管：　记账：　出纳：　审核：　制单：

图 9-4　业务一记账凭证

业务二：原始凭证及其所反映的经济业务如图 9-5 所示。

材 料 入 库 单

2020 年 1 月 4 日

收料仓库：第 1 仓库　　　　交库单位：采购部门

编号	品名	规格	单位	数量		单价	金额								
				请收	实收		百	十	万	千	百	十	元	角	分
A18	布料		码	20 000	20 000	9.8		1	9	6	0	0	0	0	0
备注						合计	¥	1	9	6	0	0	0	0	0

第四联 财务

仓库负责人　　　　验收人 王华感

图 9-5　业务二原始凭证

请学生根据业务二审核无误的原始凭证在图 9-6 上编制业务二的转账凭证。

转 账 凭 证

年　月　日　　　　总第　号　转第　号

摘 要	会计科目		过账	借方金额									贷方金额								
	总账科目	明细科目		百	十	万	千	百	十	元	角	分	百	十	万	千	百	十	元	角	分
附件 张	合	计																			

会计主管：　记账：　审核：　制单：

图 9-6　业务二记账凭证

业务三：原始凭证及其所反映的经济业务如图 9-7 所示。

农业银行进账单（收账通知） 1

2020 年 1 月 6 日　　　　第 3520 0106 907 号

出票人	全　称	北京新街口百货有限公司	收款人	全　称	晋江美芝服饰有限公司
	账　号	01000025909006162		账　号	53140100001569
	开户银行	北京工行新街口分理处		开户银行	农行晋江支行金井营业所
金额	人民币（大写）	壹拾玖万元整			￥19000000（千百十万千百十元角分）
票据种类	转账支票	票据张数	1		
票据号码	100316				
收到货款					
	复核	记账	收款人开户银行盖章		

中国农行晋江支行 金井营业所 2020.1.6 转讫

图 9-7　业务三原始凭证

请根据业务三审核无误的原始凭证在图 9-8 上编制业务三的收款凭证。

收　款　凭　证

总第　　号

借方科目：　　　　年　月　日　　　　收第　　号

摘　要	贷方科目		过账	金　额									
	总账科目	明细科目		千	百	十	万	千	百	十	元	角	分
附件：　　张	合　　　计												

会计主管：　　记账：　　出纳：　　审核：　　制单：

图 9-8　业务三记账凭证

业务四：原始凭证及其所反映的经济业务如图 9-9 所示。

借　款　单

日期：2020 年 1 月 7 日　　　　NO：01705081

借款单位或部门：经理办公室	借款人：陈向前
借款理由：预借差旅费　现金付讫	
借款数额：人民币（大写）壹仟元整	￥1000.00
本单位负责人：同意预借　李芝美印	会计主管：杨兴佳印
出　　纳：黄洋洋	借款人签章：陈向前

图 9-9　业务四原始凭证

请根据业务四审核无误的原始凭证在图 9-10 上编制业务四的付款凭证。

付 款 凭 证

总第　　号
付第　　号

贷方科目：　　　　年　月　日

摘要	借方科目		过账	金额									
	总账科目	明细科目		千	百	十	万	千	百	十	元	角	分
附件　张	合	计											

会计主管：　记账：　出纳：　审核：　制单：

图 9-10　业务四记账凭证

业务五：1 月 9 日向北京市新街口百货公司出售男夹克 3 000 件，单价 99 元/件，总价为 297 000 元；增值税专用发票(略)显示：销项税额 38 610 元，款项尚未收到。

请根据业务五审核无误的原始凭证在图 9-11 上编制业务五的转账凭证。

转 账 凭 证

年　月　日

总第　　号
转第　　号

摘要	会计科目		过账	借方金额									贷方金额								
	总账科目	明细科目		百	十	万	千	百	十	元	角	分	百	十	万	千	百	十	元	角	分
附件　张	合	计																			

会计主管：　记账：　审核：　制单：

图 9-11　业务五记账凭证

业务六：原始凭证及其所反映的经济业务如图 9-12 所示。

中国建设银行信贷凭证（还款通知）

2020 年 1 月 11 日　　编号：NO. 123656

借款人	福建晋江美芝服饰有限公司				
借款种类		借款用途	补充流动资金	借款年利率	7.2%
借款人账户账号	人民币	53 1401 0000 1569	收款人账户账号	人民币	15009
	外币			外币	
还款金额	人民币（大写）	伍拾叁万陆仟元整		亿 千 百 十 万 千 百 十 元 角 分	¥ 5 3 6 0 0 0 0 0
借款日期	2019 年 1 月 11 日			到期日期	2020 年 1 月 11 日
借款本金	500 000.00			偿还方式	到期一次性扣划
借款利息	36 000.00			偿还方式	到期一次性扣划
上述贷款已从你账户中扣划，如有问题，请前来咨询。				建设银行金井分理处结算专用章 付款人开户行盖章	
按编号 NO. 52333 借款合同和编号、NO. 224148 担保合同执行。					

第一联　回单　作借款人债务凭证

图 9-12　业务六原始凭证(已提利息 33 000 元)

请根据业务六审核无误的原始凭证在图 9–13 上编制业务六的付款凭证。

付 款 凭 证

贷方科目：　　　　年　月　日　　　　总第　　号
付第　　号

摘 要	借方科目		过账	金　　额									
	总账科目	明细科目		千	百	十	万	千	百	十	元	角	分
附件：　　张	合　　　计												

会计主管：　　记账：　　出纳：　　审核：　　制单：

图 9–13　业务六记账凭证

业务七：原始凭证及其所反映的经济业务如图 9–14 所示。

晋江美芝服饰有限公司坏账核销单

日期：2020 年 1 月 12 日

核销项目	应收账款—李氏公司		
核销理由	2015 年货款，已超过三年，且对方公司经营困难，经批准核销。		
核销金额	人民币（大写）壹仟柒佰捌拾元整。　　￥1780.00		
制表人：	杨佳兴	审核人	陈梓彬

备注：企业采用备抵法提取坏账准备

图 9–14　业务七原始凭证

请根据业务七审核无误的原始凭证在图 9–15 上编制业务七的转账凭证。

转 账 凭 证

年　月　日　　　　总第　　号
转第　　号

摘 要	会计科目		过账	借方金额									贷方金额								
	总账科目	明细科目		百	十	万	千	百	十	元	角	分	百	十	万	千	百	十	元	角	分
附件　张	合　　计																				

会计主管：　　记账：　　审核：　　制单：

图 9–15　业务七记账凭证

业务八：原始凭证及其所反映的经济业务如图 9–16 所示。

领　　料　　单

2020 年 1 月 13 日　　　　No:099018

领料用途：	车间一般耗用													
编号	品名规格	单位	请领数	实发数	单价	金额								
						百	十	万	千	百	十	分	角	分
	润滑油	瓶	5	5	48					2	4	0	0	0
备注					合计				￥	2	4	0	0	0

主管　　会计　　领料人　　发料人 王华感

图 9–16　业务八原始凭证

请根据业务八审核无误的原始凭证在图 9-17 上编制业务八的转账凭证。

转　账　凭　证

总第　　号
转第　　号

年　　月　　日

摘　要	会计科目		过账	借方金额									贷方金额								
	总账科目	明细科目		百	十	万	千	百	十	元	角	分	百	十	万	千	百	十	元	角	分
附件　张	合　　计																				

会计主管：　　　记账：　　　审核：　　　制单：

图 9-17　业务八记账凭证

业务九：2020 年 1 月 13 日晋江快捷维修中心业务员持增值税专用发票到美芝公司财务科办理付款手续，出纳审核后，确认发生行政管理部门设备修理费 2 000 元，增值税进项税额 260 元，总计 2 260 元，以现金付讫。（增值税专用发票略）

请根据业务九审核无误的原始凭证在图 9-18 上编制业务九的付款凭证。

付　款　凭　证

总第　　号
付第　　号

贷方科目：　　　年　　月　　日

摘　要	借方科目		过账	金　额									
	总账科目	明细科目		千	百	十	万	千	百	十	元	角	分
附件：　张	合　　计												

会计主管：　　　记账：　　　出纳：　　　审核：　　　制单：

图 9-18　业务九记账凭证

业务十：原始凭证及其所反映的经济业务如图 9-19 所示。

中国工商银行（闽）
现金支票存根
C/0 ¥/2　04607098
附加信息

出票日期：　2020 年　1 月　14 日

收款人：	美芝公司
金额：	¥4000.00
用途：	备用

单位主管：芝李印美　　会计：杨佳兴

图 9-19　业务十原始凭证

请根据业务十审核无误的原始凭证在图表 9-20 上编制业务十的付款凭证。

付 款 凭 证

总第　　号

贷方科目：　　　　年　月　日　　　　付第　　号

摘　要	借方科目		过账	金　额									
	总账科目	明细科目		千	百	十	万	千	百	十	元	角	分
附件　　张	合　　计												

会计主管：　　记账：　　出纳：　　审核：　　制单：

图 9-20　业务十记账凭证

业务十一：2020 年 1 月 15 日，美芝公司将通过银行转账，实际支付职工工资353 800元。请根据业务十一审核无误的原始凭证(略)在图 9-21 上编制业务十一的付款凭证。

付 款 凭 证

总第　　号

贷方科目：　　　　年　月　日　　　　付第　　号

摘　要	借方科目		过账	金　额									
	总账科目	明细科目		千	百	十	万	千	百	十	元	角	分
附件　　张	合　　计												

会计主管：　　记账：　　出纳：　　审核：　　制单：

图 9-21　业务十一记账凭证

业务十二：2020 年 1 月 16 日，七彩广告公司提供的增值税专用发票(略)显示：七彩广告公司为企业提供广告服务，收费 20 000 元，增值税税额 1 200 元，总计 21 200 元，确认无误后，出纳开出转账支票付讫，转账支票存根联如图 9-22 所示。

中国工商银行(闽)

现金支票存根

C V　05090017
0 2

附加信息

出票日期：　2020 年　1 月　16 日

收款人：福建晋江七彩广告公司
金额：¥21 200.00
用途：支付广告费

单位主管：芝李印美　　会计：杨佳兴

图 9-22　业务十二原始凭证

请根据业务十二审核无误的原始凭证在图 9-23 上编制业务十二的付款凭证。

付 款 凭 证

总第　　号
付第　　号

贷方科目：　　　　年　月　日

摘　要	借方科目		过账	金额									
	总账科目	明细科目		千	百	十	万	千	百	十	元	角	分
附件　　张	合　　计												

会计主管：　　记账：　　出纳：　　审核：　　制单：

图 9-23　业务十二记账凭证

业务十三：原始凭证及其所反映的经济业务如图 9-24 所示。

中华人民共和国税收转账专用完税证

填发日期:2020 年 1 月 18 日　　　　（020）闽企转 2035649 号

纳税人	全称	晋江美芝服饰有限公司	账号	53140100001569
	代码	350582001143	开户行	金井农行
征收机关		晋江市金井税务分局	收款国库	
企业上月增值税			实缴金额	
金额合计	（大写）柒仟捌佰元整			¥7800.00
税务机关（盖章）	收款银行（盖章）	填票人（盖章）	备注	

收据联　纳税人作完税凭证

此凭证手工填开无效不得收取现金

图 9-24　业务十三原始凭证

请根据业务十三审核无误的原始凭证在图 9-25 上编制业务十三的付款凭证。

付 款 凭 证

总第　　号
付第　　号

贷方科目：　　　　年　月　日

摘　要	借方科目		过账	金额									
	总账科目	明细科目		千	百	十	万	千	百	十	元	角	分
附件　　张	合　　计												

会计主管：　　记账：　　出纳：　　审核：　　制单：

图 9-25　业务十三记账凭证

业务十四：1 月 19 日向青海省海西商城出售男夹克 6 000 件，单价 98 元/件，总价为 588 000 元；增值税专用发票(略)显示：销项税额 76 440 元，款项已转账收讫(凭证略)。

请根据业务十四审核无误的原始凭证在图 9-26 上编制业务十四的收款凭证。

收 款 凭 证

借方科目：　　　　　　　　年　月　日　　　　　　　　总第　　号
收第　　号

摘 要	贷方科目		过账	金 额									
	总账科目	明细科目		千	百	十	万	千	百	十	元	角	分
附件　　张	合	计											

会计主管：　记账：　出纳：　审核：　制单：

图 9-26　业务十四记账凭证

业务十五：2020 年 1 月 20 日招待客户，取得定额发票如图 9-27 所示。

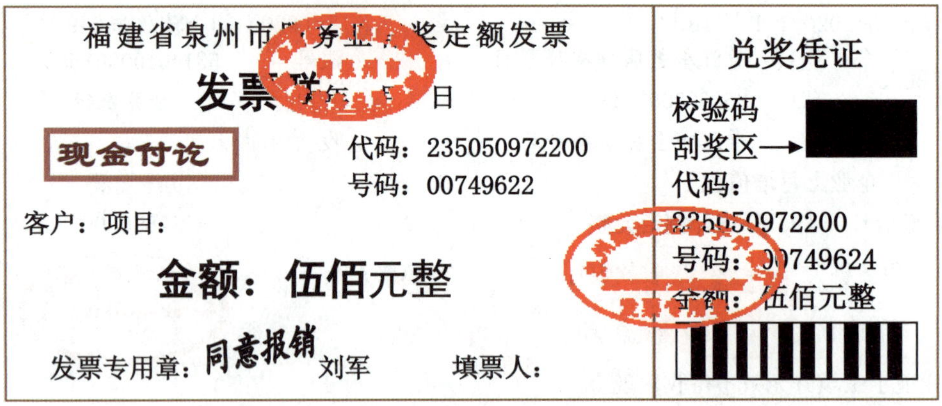
福建省泉州市服务业有奖定额发票

发票联　年　月　日

现金付讫

代码：235050972200

号码：00749622

客户：项目：

金额：伍佰元整

发票专用章：同意报销 刘军　填票人：

兑奖凭证

校验码

刮奖区→

代码：235050972200

号码：00749624

金额：伍佰元整

图 9-27　业务十五原始凭证

请根据业务十五审核无误的结算凭证在图 9-28 上编制业务十五的付款凭证。

付 款 凭 证

贷方科目：　　　　　　　　年　月　日　　　　　　　　总第　　号
付第　　号

摘 要	借方科目		过账	金 额									
	总账科目	明细科目		千	百	十	万	千	百	十	元	角	分
附件　　张	合	计											

会计主管：　记账：　出纳：　审核：　制单：

图 9-28　业务十五记账凭证

业务十六：2020 年 1 月 21 日从厦门晨海贸易有限公司购进拉链 15 000 条，单价 0.40

元/条；商标 20 000 枚，单价 0.10 元/枚，增值税专用发票(略)显示：进项税额 1 040 元，材料已验收入库(入库单略)，款项已转账付讫(结算凭证略)。

请根据业务十六审核无误的原始凭证在图 9-29 上编制业务十六的付款凭证。

付　款　凭　证

贷方科目：　　　　年　　月　　日　　　　总第　　号　付第　　号

摘　要	借方科目		过账	金　额									
	总账科目	明细科目		千	百	十	万	千	百	十	元	角	分
附件　　张	合	计											

会计主管：　　记账：　　出纳：　　审核：　　制单：

图 9-29　业务十六记账凭证

业务十七：原始凭证及其所反映的经济业务如图 9-30 所示。

转资（增资）资本审批通知书

根据贵公司提供的资料，贵董事会将超额的盈余公积金转增注册资本，其中：转增国内法人 120 000.00 元，国外投资者 80 000.00 元，共计 200 000.00 元，人民币贰拾万元整。符合国家有关条例，特此审批通过！

申请人：晋江美芝服饰有限公司　　　　审批机构：福建省晋江市工商管理局

2020 年 1 月 22 日

图 9-30　业务十七原始凭证

请根据业务十七审核无误的原始凭证在图 9-31 上编制业务十七的转账凭证。

转　账　凭　证

年　　月　　日　　　　总第　　号　转第　　号

摘　要	会计科目		过账	借方金额									贷方金额								
	总账科目	明细科目		百	十	万	千	百	十	元	角	分	百	十	万	千	百	十	元	角	分
附件　张	合	计																			

会计主管：　　记账：　　审核：　　制单：

图 9-31　业务十七记账凭证

业务十八：原始凭证及其所反映的经济业务如图 9-32 所示。

发出材料汇总表

产品名称：男式茄克

月初在产品 1 000 件；　　2020 年 1 月 24 日　　本月投产 1 0000 件

材料名称	计量单位	数量	单价	金额	备注
布料	码	18 000	9.80	176 400.00	本月生产产品所需材料已领用完毕，故进行汇总。
商标	枚	10 000	0.10	1 000.00	
拉链	条	10 000	0.40	4 000.00	
合计				181 400.00	

制表人：　　复核人：

图 9-32　业务十八原始凭证

请根据业务十八审核无误的原始凭证汇总表在图 9-33 上编制业务十八的转账凭证。

转账凭证

总第　号

年　月　日

转第　号

摘要	会计科目		过账	借方金额									贷方金额								
	总账科目	明细科目	账	百	十	万	千	百	十	元	角	分	百	十	万	千	百	十	元	角	分
附件　张	合计																				

会计主管：　　记账：　　审核：　　制单：

图 9-33　业务十八记账凭证

业务十九：2020 年 1 月 28 日增值税专用发票(略)显示：本月耗电 15 000 元，增值税税额1 950元；价税款已转账付讫(结算凭证略)；电费分配表如图 9-34 所示。

美芝服饰费用（电费）分配表

2020 年 1 月 28 日

用电部门	耗用数量（度）	单位电价（元度）	应分配电费金额(元)	备注
行政部门	9 000	0.50	4 500.00	
生产部门	21 000		10 500.00	
合计	30 000		15 000.00	

制表人：李锦娜　　复核人：杨佳兴

图 9-34　业务十九原始凭证

请根据业务十九审核无误的原始凭证在图 9-35 上编制业务十九的付款凭证。

付款凭证

总第　　号
付第　　号

贷方科目：　　　　年　　月　　日

摘要	借方科目		过账	金额									
	总账科目	明细科目		千	百	十	万	千	百	十	元	角	分
附件：　　张	合	计											

会计主管：　　记账：　　审核：　　制单：

图 9-35　业务十九记账凭证

业务二十：原始凭证及其所反映的经济业务如图 9-36 所示。

企业员工薪资分配表

2020 年 1 月 29 日　　单位：元

服务对象或部门	应付职工薪酬	备注
男式茄克生产工人薪酬	170 000.00	
车间管理人员薪酬	68 400.00	
企业管理部门职员薪酬	85 500.00	
专设销售机构职员薪酬	44 800.00	
合　　计	368 700.00	

制表人：　江城子　　复核人：陈程

图 9-36　业务二十原始凭证

请根据业务二十审核无误的原始凭证在图 9-37 上编制业务二十的转账凭证。

转账凭证

总第　　号
转第　　号

年　　月　　日

摘要	会计科目		过账	借方金额									贷方金额								
	总账科目	明细科目		百	十	万	千	百	十	元	角	分	百	十	万	千	百	十	元	角	分
附件　张	合	计																			

会计主管：　　记账：　　审核：　　制单：

图 9-37　业务二十记账凭证

业务二十一：原始凭证及其所反映的经济业务如图 9-38 所示。

美 芝 公 司 折 旧 计 算 表

2020 年 1 月 29 日　　　　　　　　　　　　　　　　　　　　单位：元

应提折旧部门	月初固定资产原值	月综合折旧率	本月折旧额
生产用设备设施	3 425 000. 00	1 %	34 250.00
行政办公设备设施	1 012 000. 00	1 %	10 120.00
专设销售机构设备	1 404 000. 00	1 %	14 040.00
合计	5 841 000.00		58 410.00
合　　计	当月增加的固定资产当月不提折旧；当月减少的归提折旧		

制表人：　江城子　　　　　　　　　　　　　　复核人：陈程

图 9-38　业务二十一原始凭证

请根据业务二十一审核无误的原始凭证在图 9-39 上编制业务二十一的转账凭证。

转 账 凭 证

总第　　号
转第　　号

年　　月　　日

摘 要	会计科目		过账	借方金额									贷方金额								
	总账科目	明细科目		百	十	万	千	百	十	元	角	分	百	十	万	千	百	十	元	角	分
附件　张	合　　计																				

会计主管：　　　　记账：　　　　审核：　　　　制单：

图 9-39　业务二十一记账凭证

业务二十二：2020 年 1 月 30 日结转本月发生的制造费用 113 390 元（原始凭证略），直接在图表 9-40 上编制转账凭证。

转 账 凭 证

总第　　号
转第　　号

年　　月　　日

摘 要	会计科目		过账	借方金额									贷方金额								
	总账科目	明细科目		百	十	万	千	百	十	元	角	分	百	十	万	千	百	十	元	角	分
附件　张	合　　计																				

会计主管：　　　　记账：　　　　审核：　　　　制单：

图 9-40　业务二十二记账凭证

业务二十三：原始凭证及其所反映的经济业务如图 9-41、图 9-42 所示。

完工产品与月末在产品分配表

产品：男式茄克　　2020 年 1 月 30 日　　完工 9000 件；在产品 2000 件

成本项目	直接材料	直接人工	制造费用	合计
月初在产品成本	30 000.00	23 270.00	14 180.00	67 450.00
本月生产费用	181 400.00	170 000.00	113 390.00	464 790.00
本月累计	211 400.00	193 270.00	127 570.00	532 240.00
完工产品成本	175 500.00	163 440.00	111 060.00	450 000.00
单位成本	19.50	18.16	12.34	50.00
月末在产品成本	35 900.00	29 830.00	16 510.00	82 240.00

图 9-41　业务二十三原始凭证 1

成品入库单

2020 年 1 月 30 日

收料仓库：第 2 仓库　　交库单位：生产车间

编号	品名	规格	单位	数量		单价	金额								
				请收	实收		百	十	万	千	百	十	元	角	分
B01	男式茄克		件	9 000	9 000	50.00		4	5	0	0	0	0	0	0
备注						合计	¥	4	5	0	0	0	0	0	0

仓库负责人　　验收人 刘贵凤

图 9-42　业务二十三原始凭证 2

请根据业务二十三审核无误的原始凭证在图 9-43 上编制业务二十三的转账凭证。

转　账　凭　证

年　月　日　　总第　号　转第　号

摘要	会计科目		过账	借方金额									贷方金额								
	总账科目	明细科目		百	十	万	千	百	十	元	角	分	百	十	万	千	百	十	元	角	分
附件　张	合	计																			

会计主管：　　记账：　　审核：　　制单：

图 9-43　业务二十三记账凭证

业务二十四：原始凭证及其所反映的经济业务如图 9-44 所示。

提取城建税和教育费附加

2020 年 1 月 30 日

项目	增值税销项 ①	增值税进项 ②	本月应交增值税 ③ = ① - ③	税率 ④	应提税额 ⑤=③×④
城市维护建设税	115 050.00	29 858.80	85 191.20	7%	5 963.38
教育费附加				3%	2 555.74

制表人：江城子　　　　复核人：杨佳兴

图 9-44　业务二十四原始凭证

请根据业务二十四审核无误的原始凭证在图 9-45 上编制业务二十四的转账凭证。

转　账　凭　证

年　　月　　日

总第　　号

转第　　号

摘　要	会计科目		过账	借方金额									贷方金额								
	总账科目	明细科目		百	十	万	千	百	十	元	角	分	百	十	万	千	百	十	元	角	分
附件　张	合	计																			

会计主管：　　记账：　　审核：　　制单：

图 9-45　业务二十四记账凭证

业务二十五：1 月 30 日在图 9-46 上编制转出本月未交增值税 85 191.20 元的转账凭证。

转　账　凭　证

年　　月　　日

总第　　号

转第　　号

摘　要	会计科目		过账	借方金额									贷方金额								
	总账科目	明细科目		百	十	万	千	百	十	元	角	分	百	十	万	千	百	十	元	角	分
附件　张	合	计																			

会计主管：　　记账：　　审核：　　制单：

图 9-46　业务二十五记账凭证

业务二十六：原始凭证及其所反映的经济业务如图 9-47 所示。

美芝公司利息计提表

贷款银行：中国工商银行金井营业点　　　　2020 年 1 月 30 日

项目	用　　途	本　　金	预提期	年利率	每月预提	预提总额
短期借款	补充流动资金	200 000.00	1 年	7.2 %	1 200.00	14 400.00
合　计		200 000.00			1 200.00	14 400.00

制表人：江城子　　　　复核人：杨佳兴

图 9-47　业务二十六原始凭证

请根据业务二十六审核无误的原始凭证在图 9-48 上编制业务二十六的转账凭证。

转　账　凭　证

年　　月　　日　　　　总第　　号　转第　　号

摘　要	会计科目		过账	借方金额									贷方金额								
	总账科目	明细科目		百	十	万	千	百	十	元	角	分	百	十	万	千	百	十	元	角	分
附件　张	合　　计																				

会计主管：　　记账：　　审核：　　制单：

图 9-48　业务二十六记账凭证

业务二十七：原始凭证及其所反映的经济业务如图 9-49 所示。

中国农业银行晋江支行计收利息清单（收款通知）

账号：53140100001569　　　　2020 年 1 月 30 日

单 位 名 称	晋江美芝服饰有限公司	结 算 户	
计息起讫日期	2019/12/28～2020/1/28		
存款户账号	计 息 总 积 数	月 利 率	利 息 金 额
53140100001569	800 000. 00	0.1%	800. 00

你单位上述应收存款利息已划入你单位账号

此致：借款单位（银行盖章）

复核　　　　记账

图 9-49　业务二十七原始凭证

请根据业务二十七审核无误的原始凭证在图 9-50 上编制业务二十七的收款凭证。

收 款 凭 证

借方科目： 年 月 日 总第 号 收第 号

摘要	贷方科目		过账	金额									
	总账科目	明细科目		千	百	十	万	千	百	十	元	角	分
附件 张	合	计											

会计主管： 记账： 出纳： 审核： 制单：

图 9-50 业务二十七记账凭证

业务二十八：本月销售商品 9 000 件，单位生产成本 50 元（单据略），在图 9-51 上编制结转已销男夹克生产成本的会计分录。

转 账 凭 证

年 月 日 总第 号 转第 号

摘要	会计科目		过账	借方金额									贷方金额								
	总账科目	明细科目		百	十	万	千	百	十	元	角	分	百	十	万	千	百	十	元	角	分
附件 张	合	计																			

会计主管： 记账： 审核： 制单：

图 9-51 业务二十八记账凭证

业务二十九：本月主营业务收入结转前贷方发生额为 885 000 元，在图 9-52 上编制结转主营业务收入本期发生额的转账凭证。

转 账 凭 证

年 月 日 总第 号 转第 号

摘要	会计科目		过账	借方金额									贷方金额								
	总账科目	明细科目		百	十	万	千	百	十	元	角	分	百	十	万	千	百	十	元	角	分
附件 张	合	计																			

会计主管： 记账： 审核： 制单：

图 9-52 业务二十九记账凭证

业务三十：原始凭证及其所反映的经济业务如图 9–53 所示。

成本费用支出类账户本月发生额（结转前）

2020 年 1 月 30 日

账户名称	借方发生额	贷方发生额
主营业务成本	450 000.00	
税金及附加	11 178.68	
管理费用	102 620.00	
销售费用	78 840.00	
财务费用	3 400.00	800.00

制表人：江城子　　　　　　　　　　　　　　复核人：杨佳兴

图 9–53　业务三十原始凭证

请根据业务三十审核无误的原始凭证在图 9–54 上编制业务结转成本费用支出类账户本期发生额的转账凭证。

转　账　凭　证

总第　　号

年　　月　　日

转第　　号

摘　要	会计科目		过账	借方金额									贷方金额								
	总账科目	明细科目		百	十	万	千	百	十	元	角	分	百	十	万	千	百	十	元	角	分
附件　张	合　　　计																				

会计主管：　　　　记账：　　　　审核：　　　　制单：

图 9–54　业务三十记账凭证

业务三十一：2020 年 1 月份利润总额为 239 625.32 元，所得税税率为 25%，假设无纳税调整项目，请在图 9–55 上编制提取所得税费用的转账凭证。

转账凭证

年　月　日

总第　号
转第　号

摘要	会计科目		过账	借方金额									贷方金额								
	总账科目	明细科目		百	十	万	千	百	十	元	角	分	百	十	万	千	百	十	元	角	分
附件　张	合	计																			

会计主管：　　记账：　　审核：　　制单：

图 9-55　业务三十一记账凭证

业务三十二：在图 9-56 上编制结平所得税费用的转账凭证。

转账凭证

年　月　日

总第　号
转第　号

摘要	会计科目		过账	借方金额									贷方金额								
	总账科目	明细科目		百	十	万	千	百	十	元	角	分	百	十	万	千	百	十	元	角	分
附件　张	合	计																			

会计主管：　　记账：　　审核：　　制单：

图 9-56　业务三十二记账凭证

完成记账凭证的编制，包括摘要的填写，科目的运用、编号的确定等，为后面登记账簿打好基础。

（二）根据收款凭证、付款凭证逐笔登记现金日记账、银行存款日记账

（1）根据现金收、付款凭证和银行存款付款凭证在图 9-57 上逐笔登记现金日记账。

库存现金日记账

年		记账凭证		摘要	借方金额								核对	贷方金额								余额							
月	日	种类	号数		十	万	千	百	十	元	角	分		十	万	千	百	十	元	角	分	十	万	千	百	十	元	角	分
1	1			上年结转																				3	5	0	0	0	0

图 9-57　库存现金日记账

(2)根据银行存款收、付款凭证和现金付款凭证在图表 9-58 上逐笔登记银行存款日记账。

银行存款日记账

年		记账凭证		摘 要	借方金额								核对	贷方金额								余 额							
月	日	种类	号数		十	万	千	百	十	元	角	分		十	万	千	百	十	元	角	分	十	万	千	百	十	元	角	分
1	1			上年结转																		9	6	2	0	1	5	0	0

图 9-58 银行存款日记账

(三)根据原始凭证、原始凭证汇总表、记账凭证登记各种明细账

因版面所限，本业务没有登记所有的明细账，而是选择必须登记的和有代表性的明细账进行登记。

1. 登记三栏式明细账(以应收账款为例)

(1)在图 9-59 上登记“应收账款——李氏公司”明细账。

明细分类账

总账科目：应收账款

明细科目：李氏公司 **第 页**

2020年		记账凭证		摘 要	借方金额								核对号	贷方金额								借或贷	余 额							
月	日	种类	号数		十	万	千	百	十	元	角	分		十	万	千	百	十	元	角	分		十	万	千	百	十	元	角	分
1	1			上年结转																		借			1	7	8	0	0	0

图 9-59 三栏式明细分类账 1

(2)图 9-60 上登记“应收账款——北京新街口百货有限公司”明细账。

明细分类账

总账科目：应收账款
明细科目：北京新街口百货有限公司

第页

2020年		记账凭证		摘要	借方金额								核对号	贷方金额								借或贷	余额							
月	日	种类	号数		十	万	千	百	十	元	角	分		十	万	千	百	十	元	角	分		十	万	千	百	十	元	角	分
1	1			上年结转																		借	1	9	0	0	0	0	0	0

图 9-60 三栏式明细分账类 2

2. 登记数量金额式明细账

(1)在图 9-61 上登记“原材料——棉布布料”的明细账(以原材料为例)。

物资明细账　　第　页

名称及规格：棉布布料　　存放地点：1号仓库　　计量单位：码

2020年		凭证号数	摘要	借(收入)方			核对号	贷(发出)方			结存		
月	日			数量	单价	金额		数量	单价	金额	数量	单价	金额

图 9-61 物资明细账 1

(2)在图 9-62 上登记“原材料——润滑油”的明细账。

物资明细账　　第　页

名称及规格：润滑油　　存放地点：1号仓库　　计量单位：瓶

2020年		凭证号数	摘要	借(收入)方			核对号	贷(发出)方			结存		
月	日			数量	单价	金额		数量	单价	金额	数量	单价	金额
1	1		上年结转								10	48.00	480 00

图 9-62 物资明细账 2

(3)在图 9-63 上登记“原材料——拉链”的明细账。

物资明细账　　　　第　页

名称及规格：拉链　　　　存放地点：1号仓库　　　　计量单位：条

2020年		凭证号数	摘要	借（收入）方			核对号	贷（发出）方			结存		
月	日			数量	单价	金额		数量	单价	金额	数量	单价	金额

图 9-63　物资明细账 3

(4)在图 9-64 上登记“原材料——商标”的明细账。

物资明细账　　　　第　页

名称及规格：商标　　　　存放地点：1号仓库　　　　计量单位：枚

2020年		凭证号数	摘要	借（收入）方			核对号	贷（发出）方			结存		
月	日			数量	单价	金额		数量	单价	金额	数量	单价	金额
1	1		上年结转								5000	0.10	500 00

图 9-64　物资明细账 4

3. 登记多栏式明细账

(1)在图 9-65 上登记“应交税费——应交增值税”明细账(以“应交税费——应交增值税”“制造费用”“生产成本”为例)。

应交税费——应交增值税

2020年		记账凭证		摘要	借方金额				贷方金额				借或贷	余额
月	日	种类	编号		合计	进项税额	已交税金	转出未交增值税	合计	销项税额	进项转出	转出多交增值税		

图 9-65　应交税费——应交增值税明细账

说明："应交税费"总账下可设"未交增值税""应交所得税""应交消费税""应交城建税""应交教育费附加"等明细账，这些明细账一般采用三栏式。

(2)在图 9-66 上登记"制造费用"明细账。

制造费用明细账　　　　第　页

车间（部门）名称：基本生产车间

2020年		记账凭证		摘　要	合　计								物料消耗	水电费	折旧费	人工费	办公费
月	日	种类	号数		十	万	千	百	十	元	角	分					

图 9-66　制造费用明细账

(3)在图 9-67 上登记"生产成本——男夹克"明细账。

生产成本明细账　　　　第　页

在产品名称：男式夹克　　　生产部门：第一生产车间

2020年		记账凭证		摘　要	合　计									成本项目					
月	日	种类	号数		百	十	万	千	百	十	元	角	分	直接材料		直接人工		制造费用	
1	1			上年结转			6	7	4	5	0	0	0	30 000	00	23 270	00	14 180	00

图 9-67　生产成本明细账

(4)在图 9–68 上登记管理费用明细账。

管理费用明细账　　　　　　　　　　第　页

2020年		记账凭证		摘　要	合　计								维修费	招待费	水电费	人工费	折旧费	办公费
月	日	种类	号数		十	万	千	百	十	元	角	分						

图 9–68　管理费用明细账

(四)根据记账凭证逐笔登记总分类账

根据记账凭证及其所附原始凭证在图 9–69 ~ 图 9–95 上逐笔登记所有的总分类账，本月没有发生额的不必登记，但该账户的月初余额就是其月末余额，在编制试算平衡表期末余额时应记得登记。

总分类账　　　　　　　　　　总第　页

总账科目：库存现金　　　　　　　　　　分第　页

2020年		凭证号数	摘　要	借　方									核对	贷　方									借或贷	余　额								
月	日			百	十	万	千	百	十	元	角	分		百	十	万	千	百	十	元	角	分		百	十	万	千	百	十	元	角	分
1	1		上年结转																				借				3	5	0	0	0	0

图 9–69　总账 1

总分类账

总第　页

总账科目：银行存款

分第　页

2020年		凭证号数	摘要	借方									核对	贷方									借或贷	余额								
月	日			百	十	万	千	百	十	元	角	分		百	十	万	千	百	十	元	角	分		百	十	万	千	百	十	元	角	分
1	1		上年结转																				借		9	6	2	0	1	5	0	0

图 9-70　总账 2

总分类账

总第　页

总账科目：在途物资

分第　页

2020年		凭证号数	摘要	借方									核对	贷方									借或贷	余额								
月	日			百	十	万	千	百	十	元	角	分		百	十	万	千	百	十	元	角	分		百	十	万	千	百	十	元	角	分

图 9-71　总账 3

总分类账

总第　页

总账科目：原材料　　分第　页

2020年		凭证号数	摘要	借方									核对	贷方									借或贷	余额								
月	日			百	十	万	千	百	十	元	角	分		百	十	万	千	百	十	元	角	分		百	十	万	千	百	十	元	角	分
1	1		上年结转																				借					9	8	0	0	0

图 9–72　总账 4

总分类账

总第　页

总账科目：应交税费　　分第　页

2020年		凭证号数	摘要	借方									核对	贷方									借或贷	余额								
月	日			百	十	万	千	百	十	元	角	分		百	十	万	千	百	十	元	角	分		百	十	万	千	百	十	元	角	分
1	1		上年结转																				贷				7	8	0	0	0	0

图 9–73　总账 5

总分类账

总第　　页

总账科目：其他应收款　　　　分第　　页

2020年		凭证号数	摘要	借方									核对	贷方									借或贷	余额								
月	日			百	十	万	千	百	十	元	角	分		百	十	万	千	百	十	元	角	分		百	十	万	千	百	十	元	角	分

图 9–74　总账 6

总分类账

总第　　页

总账科目：应收账款　　　　分第　　页

2020年		凭证号数	摘要	借方									核对	贷方									借或贷	余额								
月	日			百	十	万	千	百	十	元	角	分		百	十	万	千	百	十	元	角	分		百	十	万	千	百	十	元	角	分
1	1		上年结转																				借		1	9	1	7	8	0	0	0

图 9–75　总账 7

总分类账

总第　　页

总账科目：坏账准备　　　　分第　　页

2020年		凭证号数	摘要	借方									核对	贷方									借或贷	余额								
月	日			百	十	万	千	百	十	元	角	分		百	十	万	千	百	十	元	角	分		百	十	万	千	百	十	元	角	分
1	1		上年结转																				贷				5	6	3	0	0	0

图 9–76　总账 8

总分类账

总第　　页

总账科目：库存商品　　　　分第　　页

2020年		凭证号数	摘要	借方									核对	贷方									借或贷	余额								
月	日			百	十	万	千	百	十	元	角	分		百	十	万	千	百	十	元	角	分		百	十	万	千	百	十	元	角	分
1	1		上年结转																				借		1	5	0	0	0	0	0	0

图 9–77　总账 9

总分类账

总第 页

总账科目：固定资产

分第 页

2020年		凭证号数	摘要	借方									核对	贷方									借或贷	余额								
月	日			百	十	万	千	百	十	元	角	分		百	十	万	千	百	十	元	角	分		百	十	万	千	百	十	元	角	分
1	1		上年结转																				借	5	8	4	1	0	0	0	0	0

图 9-78 总账 10

总分类账

总第 页

总账科目：累计折旧

分第 页

2020年		凭证号数	摘要	借方									核对	贷方									借或贷	余额								
月	日			百	十	万	千	百	十	元	角	分		百	十	万	千	百	十	元	角	分		百	十	万	千	百	十	元	角	分
1	1		上年结转																				贷	2	4	5	3	2	2	0	0	0

图 9-79 总账 11

总分类账

总第 页

总账科目：短期借款

分第 页

2020年		凭证号数	摘要	借方									核对	贷方									借或贷	余额								
月	日			百	十	万	千	百	十	元	角	分		百	十	万	千	百	十	元	角	分		百	十	万	千	百	十	元	角	分
1	1		上年结转																				贷		7	0	0	0	0	0	0	0

图 9-80 总账 12

总分类账

总第 页

总账科目：应付利息

分第 页

2020年		凭证号数	摘要	借方									核对	贷方									借或贷	余额								
月	日			百	十	万	千	百	十	元	角	分		百	十	万	千	百	十	元	角	分		百	十	万	千	百	十	元	角	分
1	1		上年结转																				贷			3	3	0	0	0	0	0

图 9-81 总账 13

总分类账

总第 页

总账科目：应付职工薪酬

分第 页

2020年		凭证号数	摘要	借方									核对	贷方									借或贷	余额								
月	日			百	十	万	千	百	十	元	角	分		百	十	万	千	百	十	元	角	分		百	十	万	千	百	十	元	角	分
1	1		上年结转																				贷		3	5	3	8	0	0	0	0

图 9-82 总账 14

总分类账

总第　页

总账科目：制造费用

分第　页

2020年		凭证号数	摘要	借方									核对	贷方									借或贷	余额								
月	日			百	十	万	千	百	十	元	角	分		百	十	万	千	百	十	元	角	分		百	十	万	千	百	十	元	角	分

图 9-83　总账 15

总分类账

总第　页

总账科目：生产成本

分第　页

2020年		凭证号数	摘要	借方									核对	贷方									借或贷	余额								
月	日			百	十	万	千	百	十	元	角	分		百	十	万	千	百	十	元	角	分		百	十	万	千	百	十	元	角	分
1	1		上年结转																				借			6	7	4	5	0	0	0

图 9-84　总账 16

总分类账

总第　页

总账科目：主营业务收入

分第　页

2020年		凭证号数	摘要	借方									核对	贷方									借或贷	余额								
月	日			百	十	万	千	百	十	元	角	分		百	十	万	千	百	十	元	角	分		百	十	万	千	百	十	元	角	分

图 9-85　总账 17

总分类账

总第　页
分第　页

总账科目：主营业务成本

2020年		凭证号数	摘要	借方									核对	贷方									借或贷	余额								
月	日			百	十	万	千	百	十	元	角	分		百	十	万	千	百	十	元	角	分		百	十	万	千	百	十	元	角	分

图 9-86　总账 18

总分类账

总第　页
分第　页

总账科目：销售费用

2020年		凭证号数	摘要	借方									核对	贷方									借或贷	余额								
月	日			百	十	万	千	百	十	元	角	分		百	十	万	千	百	十	元	角	分		百	十	万	千	百	十	元	角	分

图 9-87　总账 19

总分类账

总第　页
分第　页

总账科目：税金及附加

2020年		凭证号数	摘要	借方金额									核对号	贷方金额									借或贷	余额								
				百	十	万	千	百	十	元	角	分		百	十	万	千	百	十	元	角	分		百	十	万	千	百	十	元	角	分

图 9-88　总账 20

总分类账

总第　页

总账科目：管理费用

分第　页

2020年		凭证号数	摘要	借方									核对	贷方									借或贷	余额								
月	日			百	十	万	千	百	十	元	角	分		百	十	万	千	百	十	元	角	分		百	十	万	千	百	十	元	角	分

图 9–89　总账 21

总分类账

总第　页

总账科目：财务费用

分第　页

2020年		凭证号数	摘要	借方									核对	贷方									借或贷	余额								
月	日			百	十	万	千	百	十	元	角	分		百	十	万	千	百	十	元	角	分		百	十	万	千	百	十	元	角	分

图 9–90　总账 22

总分类账

总第　页

总账科目：所得税费用

分第　页

2020年		凭证号数	摘要	借方									核对	贷方									借或贷	余额								
月	日			百	十	万	千	百	十	元	角	分		百	十	万	千	百	十	元	角	分		百	十	万	千	百	十	元	角	分

图 9–91　总账 23

总分类账

总第　页

总账科目：实收资本

分第　页

2020年		凭证号数	摘要	借方									核对	贷方									借或贷	余额								
月	日			百	十	万	千	百	十	元	角	分		百	十	万	千	百	十	元	角	分		百	十	万	千	百	十	元	角	分
1	1		上年结转																				贷	2	5	0	0	0	0	0	0	0

图 9-92　总账 24

总分类账

总第　页

总账科目：盈余公积

分第　页

2020年		凭证号数	摘要	借方									核对	贷方									借或贷	余额								
月	日			百	十	万	千	百	十	元	角	分		百	十	万	千	百	十	元	角	分		百	十	万	千	百	十	元	角	分
1	1		上年结转																				贷	1	2	0	0	0	0	0	0	0

图 9-93　总账 25

总分类账

总第　页

总账科目：利润分配

分第　页

2020年		凭证号数	摘要	借方									核对	贷方									借或贷	余额								
月	日			百	十	万	千	百	十	元	角	分		百	十	万	千	百	十	元	角	分		百	十	万	千	百	十	元	角	分
1	1		上年结转																				借			3	6	7	2	5	0	0

图 9-94　总账 26

总分类账

总第　页

总账科目：本年利润

分第　页

2020年		凭证号数	摘要	借方									核对	贷方									借或贷	余额								
月	日			百	十	万	千	百	十	元	角	分		百	十	万	千	百	十	元	角	分		百	十	万	千	百	十	元	角	分

图 9-95　总账 27

(五)对账

1. 账证核对

2. 账账核对

(1)总账核对，请学生在图表9-96上编制"试算平衡表"，完成总账的核对。

试算平衡表

科目名称	期初余额		本期发生额		期末余额	
	借方	贷方	借方	贷方	借方	贷方
库存现金						
银行存款						
在途物资						
应交税费						
原材料						
其他应收款						
应收账款						
坏账准备						
库存商品						
固定资产						
累计折旧						
短期借款						
应付利息						
应付职工薪酬						
制造费用						
生产成本						
主营业务收入						
主营业务成本						
税金及附加						
销售费用						
管理费用						
财务费用						
所得税费用						
实收资本						
盈余公积						
本年利润						
利润分配						
合计						

图9-96 试算平衡表

（2）总账与日记账核对相符

（3）总账与明细账核对相符，以“原材料”为例，学生在图9–97上，通过编制“原材料本期发生额及余额明细表”来完成。

原材料本期发生额及余额明细表

明细账户	计量单位	单价	期初余额		本期发生额				期末余额	
			数量	金额	借方（收入）		贷方（发出）		数量	金额
					数量	金额	数量	金额		
润滑油	瓶									
棉布	码									
拉链	条									
商标	枚									
合　计										

图9–97　原材料本期发生额及余额明细表

学生可以自行编制“应收账款本期发生额及余额明细表”等。

（六）编制财务报表

对账无误后，就开始编制财务会计报告。

（1）请学生在表9–1上编制利润表。

表9–1　利润表（简表）

会企02表

编制单位：　　　　年　　月　　　　单位：元

项　　目	本期金额	上期金额
一、营业收入		
减：营业成本		
税金及附加		
销售费用		
管理费用		
研发费用		
财务费用（收益以“–”号填列）		
其中：利息费用		
利息收入		
资产减值损失		
信用减值损失		
加：其他收益		

（续表）

项　　目	本期金额	上期金额
投资收益（损失以“–”号填列）		
其中：对联营企业和合营企业的投资收益		
净敞口套期收益（损失以“–”号填列）		
公允价值变动收益（损失以“–”号填列）		
资产处置收益（损失以“–”号填列）		
二、营业利润		
加：营业外收入		
减：营业外支出		
三、利润总额（亏损总额以“–”号填列）		
减：所得税费用		
四、净利润（净亏损以“–”号填列）		
五、其他综合收益的税后净额		
六、综合收益总额		595 475．00

（2）请学生在表 9–2 上编制资产负债表。

表 9–2　资产负债表（简表）

年　　月　　日

会企 01 表

编制单位：　　　　　　　　　　　　　　单位：元

资　　产	行次	年初数	年末数	负债及所有者权益	行次	年初数	年末数
流动资产：				流动负债：			
货币资金				短期借款			
以公允价值计量且变动计入当期损益的金融资产				以公允价值计量且变动计入当期损益的金融负债			
应收票据				应付票据			
应收账款				应付账款			
预付账款				预收账款			
其他应收款				应付职工薪酬			
存货				应交税费			
一年内到期非流动资产				其他应付款			

（续表）

资　　产	行次	年初数	年末数	负债及所有者权益	行次	年初数	年末数
其他流动资产				一年内到期非流动负债			
流动资产合计				其他流动负债			
非流动资产：				流动负债合计			
可供出售金融资产				非流动负债：			
持有至到期投资				长期借款			
长期应收款				应付债券			
长期股权投资				长期应付款			
固定资产				其他非流动负债			
在建工程				非流动负债合计			
无形资产				负债合计			
开发支出				所有者(或股东)权益：			
商誉				实收资本(或股本)			
长期待摊费用				资本公积			
其他非流动资产				其他综合收益			
非流动资产合计				盈余公积			
				未分配利润			
				所有者(或股东)权益合计			
资产总计				负债和所有者权益总计			

任务完成

在老师的指导下，学生们以记账凭证核算程序完成了一家小企业1个月的账务处理，熟悉了记账凭证核算程序的处理程序及步骤，也了解了记账凭证核算程序的优缺点。

优点：程序简单，易于理解和掌握，总账可以详细反映经济业务的来龙去脉。

缺点：逐笔登记总账，如果企业规模大、业务多的话，登记总账的工作量会很大。

适用范围：规模小、业务量少的企业。

子项目3　科目汇总表核算程序

学习任务

以做促学，通过做，让学生熟悉科目汇总表核算程序的各步骤、各环节，感受到科目汇总表核算程序的特点、优缺点以及其适用范围。

知识准备

科目汇总表核算程序是指不考虑账户的对应关系，定期将本期经济业务所涉及的全部总分类账户进行归类汇总，以汇总的数据登记各总分类账户本期发生额的一种账务处理程序。

一、科目汇总表核算程序的特点

定期根据记账凭证编制科目汇总表，然后根据科目汇总表登记总账。

二、科目汇总表核算程序的记账程序

(1)根据原始凭证或原始凭证汇总表编制记账凭证(和记账凭证核算程序相同步骤)。

(2)根据收款、付款凭证登记现金日记账和银行存款日记账(和记账凭证核算程序相同步骤)。

(3)原始凭证、原始凭证汇总表、记账凭证登记各种记明细账(和记账凭证核算程序相同步骤)。

(4)根据各种记账凭证编制科目汇总表(科目汇总表核算程序独有的步骤)。

(5)根据科目汇总表登记总分类账。

(6)对账(和记账凭证核算程序相同步骤)。

(7)根据总账和明细账的有关资料编制财务会计报告(和记账凭证核算程序相同步骤)。

三、科目汇总表核算程序的运用

建议老师继续以美芝服饰公司2019年12月的经济业务为案例，重新分发凭证、账页和报表给学生，让学生以科目汇总表核算程序对经济业务进行处理。

(1)编制通用记账凭证(在记账凭证核算程序中是采用收、付、转等专用凭证编制的)。

(2)分发空白日记账账页，登记现金日记账、银行存款日记账。

(3)分发空白明细账账页，登记各种明细账。

(4)分发空白科目汇总表，编制科目汇总表。

(5)分发空白的总账账页，根据科目汇总表登记总账。

（6）对账。①编制期末余额试算平衡表。②编制原材料、库存商品、应收账款等账户的本期发生额及余额明细表。

（7）分发空白的利润表和资产负债表，根据总账和明细账有关资料进行编制。

任务完成

如果学生完成了科目汇总表的账务处理程序，对其理解就会更深更透。比如，使用通用记账凭证编制记账凭证和使用专用记账凭证编制记账凭证在本质上没有什么不同。学生也能更深刻地感受到科目汇总表账务处理程序的优、缺点和适用范围。

优点：根据科目汇总表登记总账，减少了工作量，还可以在登记总账之前通过科目汇总表对发生额进行试算平衡。

缺点：科目汇总表不能反映账户的对应关系，不便于查账。

适用范围：规模大、业务量多的企业。

项目十
会计信息质量要求

学习目标

知识目标： 了解会计核算4个基本假设及其主要内容，熟悉8个会计信息质量要求及其主要内容，熟悉会计法律规范的构成及主要内容，熟悉会计人员职业道德的构成及其主要内容。

能力目标： 能正确判断经济业务所涉及的会计主体，能根据企业财务情况选择适合的会计工作组织形式。

思政目标： 坚持以德修身、依法做账，做会计法律制度的忠实崇尚者、自觉遵守者、坚定捍卫者。

子项目 1 会计核算基本前提

学习任务

通过学习，学生熟悉会计核算假设及其基本内容，结合本教材前面的内容，进一步领会会计假设的意义。

知识准备

一、会计核算基本前提

会计核算的基本前提也叫会计假设，就是对会计核算所处的空间环境、时间环境、计量手段等作出的合理推定，是全部会计工作的基础。

会计假设的具体内容包括会计主体、持续经营、会计分期和货币计量。

(一)会计主体

图 10-1 会计主体与法律主体

会计主体也称会计实体或会计个体，是指会计工作为其服务的特定单位或组织，是对会计核算空间范围的界定。

会计核算时必须做到两个划清：一是划清本主体和其他会计主体的界限；二是划清会计主体和所有者的界限。

会计主体不一定是法律主体，如作为会计主体的合伙企业和独资企业不一定是法律主体；但法律主体一定是会计主体，如作为法律主体的公司必然是会计主体，会计主体和法律主体的关系如图 10-1 所示。

(二)持续经营

所谓持续经营，是指一个会计主体的经营活动将按照既定目标持续下去，在可以预见的未来，会计主体不会遭遇清算、解散等变故而不复存在。

持续经营界定了会计核算的时间范围，意味着会计主体将按照既定用途使用资产，按照既定的合约承担偿债义务，会计人员可以在此基础上选择会计核算方法和会计原则。

一旦有证据表明企业持续经营的基本前提不成立，企业的会计核算必须改用清算基础。

（三）会计分期

会计分期假设是持续经营假设的一个必要补充，是指将持续不断的生产经营过程，划分为一个个连续的、长短相同的会计期间的行为，如图 10–2 所示。

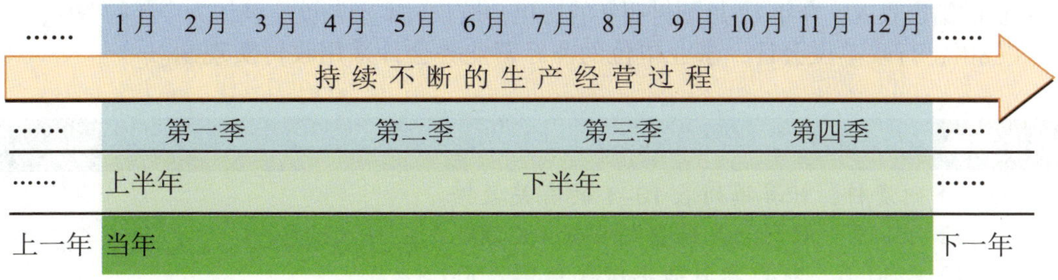

图 10–2　持续经营与会计分期

会计期间通常分为年度和中期。中期是指短于一个完整的会计年度的报告期间，包括月度、季度和半年度。

我国会计年度采用公历制，与财政年度、计划年度、统计年度、税务年度相一致，有利于国家进行宏观经济管理。

会计应当按照会计期间结算账目和编制财务报告，定期向财务报告使用者提供对决策有用的会计信息。

（四）货币计量

货币计量是指企业在会计核算中要以货币为统一的主要计量单位，记录和反映企业的生产经营过程和经营成果。

《中华人民共和国会计法》规定：会计核算以人民币为记账本位币，业务收支以人民币以外的货币为主的单位，可以选定其中一种外币作为记账本位币，但是编报的财务会计报表应当折算为人民币。

此外，货币计量还包含了币值稳定的假设。

二、会计记账基础

会计分期的基本假设，产生了本期与非本期的区别，也就产生了不同的记账基础。

所谓记账基础是指会计的确认、计量和报告的基础。包括权责发生制和收付实现制。

1. 权责发生制

权责发生制是指凡是当期已经实现的收入和已经发生或应当负担的费用，不论款项是否收付，都应当作为当期的收入和费用；凡是不属于当期的收入和费用，即使款项已经当期收付，也不应该作为当期的收入和费用。

权责发生制的最大特点就是以权利和责任的发生来决定收入和费用的归属期。比如，5 月份销售产品，6 月份收到货款。由于销售行为发生在 5 月份，收款权利也产生于 5 月份，虽然实际收到货款的时间是在 6 月份，但也必须确认为 5 月份的销售收入。又比如，今年 12 月份预付明年房租，虽然今年将款项支付出去了，但由于是明年的房租，所以只能列入明年的费用。

在我国，企业财务会计，事业单位的经营业务会计应当采用权责发生制。

2. 收付实现制

收付实现制也称实收实付制或现金制，是指在会计核算中，以实际收到或支付款项为确认本期收入和本期费用的标准。比如5月份销售产品，6月份收到货款，按收付实现制，应确认为6月份的销售收入；今年12月预付明年的房租，按收付实现制就应确认为今年的费用。

在我国，行政单位会计，事业单位的非经营业务会计采用收付实现制。

初试身手

根据下列资料，计算填列表10-1的有关数据。

(1)12月1日，收到上月销售的货款100 000元，存入银行。

(2)12月30日，提取本月短期借款利息2 500元。

(3)12月31日，销售A产品，价款200 000元已收妥入账。

(4)12月31日，支付明年书报杂志费。

表10-1 权责发生制与收付实现制空白表格

项　目	权责发生制		收付实现制	
	收入	费用	收入	费用
①				
②				
③				
④				
合　计				

任务完成

通过学习，学生知晓了会计假设的含义及其基本内容，也理顺了4个会计假设之间的关系，没有会计主体，就不存在其他会计假设；没有持续经营就不存在会计分期和历史成本量度，而会计分期，又产生了两种会计记账基础，从而衍生出许多具体的会计核算方法。

子项目2 会计信息质量要求

学习任务

产品有质量要求，财务会计报告同样有质量要求，达不到质量要求的财务会计报告所提供的会计信息，对使用者的决策不但没有帮助甚至会起反作用。希望学生通过学习，能熟悉会计信息的质量要求，分清哪些是首要质量要求，哪些是次要质量要求。

知识准备

会计信息质量要求是指对财务报告使用者经济决策有用的会计信息应当具备的基本特征，是财务报告使用者对企业财务报告所提供的会计信息质量的基本要求。会计信息质量要求共8条，分别是可靠性、相关性、可理解性、可比性、实质重于形式、重要性、谨慎性和及时性。

一、可靠性

《企业会计准则——基本准则》第十二条规定：企业应以实际发生的交易或事项为依据进行会计确认、计量和报告，如实反映符合确认和计量要求的各项会计要素及其他相关信息，保证会计信息真实可靠、内容完整。

补充或解释(关键词：可靠、实际、真实、完整、充分披露)

应当在符合重要性与成本效益原则的前提下，保证会计信息的完整性；报表及其附注内容都应当保持完整；与使用者经济决策相关的有用信息应当充分披露。

二、相关性

《企业会计准则——基本准则》第十三条规定：企业提供的会计信息应当与财务会计使用者的经济决策需要相关，有助于会计报告使用者对企业过去、现在或未来的情况作出评价或者预测。

补充或解释(关键词：相关、决策、反馈、预测)

会计信息是否具有价值，关键看其与使用者的经济决策需要是否相关。相关的会计信息能够证实或者修正过去的预测，因而具有反馈的价值，相关的会计信息还应当有助于财务报告使用者预测企业未来的财务状况、经营成果和现金流量，因而具有预测的价值。

相关性是以可靠性为基础的，相关性要求企业在确认、计量和报告会计信息过程中应当充分考虑使用者的决策模式和信息需要，尽可能做到相关性。

三、可理解性

《企业会计准则——基本准则》第十四条规定：企业提供的会计信息应当清晰明了，便于财务会计报告使用者理解和使用。

补充或解释(关键词：理解、清晰明了、使用)

企业提供的会计信息只有清晰明了、容易理解，才能提高其有用性，满足使用者进行经济决策的需要，实现财务报告的目标。

四、可比性

《企业会计准则——基本准则》第十五条规定：企业提供的会计信息应当具有可比性。

同一企业不同时期发生的相同或者相似的交易或事项，应当采用一致的会计政策，不得随意变更。确实需要变更的，应当在附注中说明；不同企业发生的相同或者相似的交易或事项，应当采用规定的会计政策，确保会计信息口径一致，相互可比。

补充或解释(关键词：可比、会计政策、一致、规定、变更)

同一企业在不同时期可比，便于使用者比较不同时期的财务报告信息，全面客观地评价过去、预测未来、从而作出决策；不同企业在相同会计期间可比，方便投资人等财务报告使用者评价不同企业的会计信息。

会计政策不得随意变更，如果国家有规定则必须变更，国家没有规定但是变更能提供更可靠、更相关的会计信息则允许变更，无论哪种变更都要在附注中说明。

五、实质重于形式

《企业会计准则——基本准则》第十六条规定：企业应当按照交易或者事项的经济实质进行会计确认、计量和报告，不应仅以交易或事项的法律形式为依据。

补充或解释(关键词：经济实质、法律形式)

多数情况下，交易或事项的经济实质和法律形式是一致的，但也有不一致的时候，这时就应当以经济实质进行确认、计量和报告。如融资租赁的固定资产，虽然从法律形式上讲还不是企业的资产，但在会计核算上还是要确认为企业的资产，反映在企业的资产负债表上。

六、重要性

《企业会计准则——基本准则》第十七条规定：企业提供的会计信息应当反映与企业财务状况、经营成果和现金流量有关的所有重要交易或者事项。

补充或解释(关键词：重要、省略或错报、职业判断、性质、金额大小)

如果会计信息省略或错报会影响使用者的经济决策，该信息具有重要性。重要性的运用依赖职业判断。企业应当依据其所处环境和实际情况，从项目的性质(是否属于企业日常经营活动)和金额大小(通过单项金额占资产总额、负债总额、所有者权益总额、营业收入总额、营业成本总额等直接相关项目总金额的比重来判断金额大小)两方面加以分析判断。

七、谨慎性

《企业会计准则——基本准则》第十八条规定：企业对交易或者事项进行会计确认、计量或者报告应当保持应有的谨慎，不应高估资产或者收益，低估负债或者费用。

补充或解释(关键词：谨慎、高估低估、准备、可靠性和相关性)

面临不确定性因素的情况下作出职业判断应当保持谨慎性。谨慎性要求企业不得高估资产和收益，低估负债和费用；但是如果企业故意低估资产或收益，高估负债或费用，计提各种秘密准备，也是不允许的，因为这不符合会计信息的可靠性和相关性要求。企业按规定计提各类准备，采用加速折旧法提取折旧等均符合谨慎性的要求。

八、及时性

《企业会计准则——基本准则》第十九条规定：企业对已发生的交易或事项，应及时进行会计确认、计量和报告，不得提前或者延后。

补充或解释(关键词：及时、时效、提前或延后、收集、处理、传递)

会计信息的价值在于帮助使用者作出经济决策，具有时效性。即使是可靠、相关的会计信息，如果不及时提供，对使用者的效用大大降低，甚至不再有任何意义。及时性包括及时收集会计信息、及时处理会计信息和及时传递会计信息。我国上市公司按时披露年报、季报就是会计信息及时性的具体表现。

任务完成

通过学习，学生掌握了8个会计信息质量要求及其主要内容。并且通过查找资料，了解到在8个会计信息质量要求里，只有可靠性、相关性、可理解性和可比性属于会计信息的首要质量要求，所谓首要质量要求就是企业财务会计报告所提供的会计信息应当具备的基本质量特征；而实质重于形式、重要性、谨慎性和及时性是会计信息的次要质量要求，是对首要会计信息质量要求的补充和完善。

子项目3　会计法律规范体系

学习任务

企业会计如何处理各种经济关系，不仅对本企业的财务收支、利益分配产生影响，还会对国家税收、其他经济组织和职工的利益产生影响，因此会计处理各类经济事项必须具有法律规范的约束。希望通过学习，学生能熟悉会计法律规范体系及其基本内容，并树立企业依法经营，会计依法做账的理念。

知识准备

约束企业经济行为和会计行为的各类规范主要有会计法律、会计行政法规、会计部门规章、地方性会计法规等。

一、会计法律

（一）中华人民共和国会计法

1985 年 1 月 12 日，第六届全国人民代表大会常务委员会第九次会议通过《中华人民共和国会计法》；2017 年 11 月 4 日，第十二届全国人民代表大会常务委员会第十三次会议对《中华人民共和国会计法》进行第三次修订，并于 2017 年 11 月 5 日起施行。

《中华人民共和国会计法》是会计法律制度中层次最高的法律规范，是制定其他会计法规的依据，是指导会计工作的最高准则。

（二）注册会计师法

1993 年 10 月 31 日，第八届全国人民代表大会常务委员会第四次会议通过了《注册会计师法》，自 1994 年 1 月 1 日起施行。

我国实行注册会计师全国统一考试制度，考试成绩合格并从事审计业务工作两年以上才可以申请成为注册会计师。注册会计师执行业务，必须加入注册会计师事务所。

二、会计行政法规

会计行政法规由国务院发布或由国务院有关部门拟定经国务院批准后发布，是调整经济生活中某些方面会计关系的法律规范。主要有《总会计师条例》和《企业财务会计报告条例》。

三、会计部门规章

会计部门规章是国家主管会计工作的行政部门即财政部以及其他相关部委根据法律和行政法规，在本部门的权限范围内制定的，调整会计工作中某些方面内容的会计准则制度和规范性文件。如《企业会计准则》《小企业会计准则》《财政部门实施会计监督办法》《会计基础工作规范》和《会计档案管理办法》等。

四、地方性会计法规

地方性会计法规是指省、自治区、直辖市、计划单列市、经济特区的人民代表大会及其常务委员会在与宪法、法律和行政法规不相抵触的前提下，根据本地区情况制定、发布的会计规范性文件。

五、国际或外国财经法规

随着“一带一路”倡议的深入，国内不少企业集团都在一带一路沿线国家设立了分公司或分支机构。这些分公司或分支机构在向当地政府与税务机关报送财务会计报告时，就必须遵守当地的会计准则和制度；那些在美国、新加坡等海外证券交易所上市的国内公司，也必须按照海外证券交易所的有关规定提供财务会计报告。

任务完成

通过学习，学生知道了会计法律规范是我国法律规范体系的重要组成部分，熟悉领会了会计法律规范体系的含义、构成及其基本内容，增强了依法经营、依法做账的理念。

课后又引导学生深入研读《中华人民共和国会计法》的原文，帮助学生进一步熟悉领会《中国人民共和国会计法》的精神实质，学习过后，学生均表示要成为《中华人民共和国会计法》的忠实崇尚者、自觉遵守者和坚定捍卫者。

子项目4　会计工作的组织

学习任务

通过学习，希望学生能了解会计机构设置与人员配备的原则、知晓会计工作的组织形式、熟记会计人员的职业道德，坚持做一个有道德的会计人。

知识准备

所谓会计工作组织是指安排、协调、管理企业会计工作的活动或过程。会计工作组织必须以会计法律法规为依据，按国家对会计工作的统一要求来组织会计工作。

一、会计机构设置和会计人员配备

企业可以根据单位规模的大小、会计业务的繁简以及管理的要求来设置会计机构，配备会计人员。

(1)规模大、会计业务繁忙、管理精细的单位，应单独设置会计机构，如财务科，配备会计机构负责人以及一定数量的会计人员，有条件的可配备总会计师。

(2)小型企业，会计业务量不大的单位，可以不独设置会计机构，但也要在有关机构中配备会计人员并指定会计主管人员，如某企业在总务处配备4名会计人员并指定其中一人为会计主管人员。

(3)对一些小微企业，如果条件不具备，可以委托记账公司代理记账，但企业也必须配备专人负责日常货币资金的收支和保管。

二、会计工作的组织形式

1. 集中核算

集中核算是指会计核算工作由企业财务会计部门集中统一进行，企业各职能部门、生产车间及其相关人员在经济业务发生或完成时不对其进行会计核算，但必须进行原始记录，做好原始凭证取得、填制、审核和汇总工作。

集中核算减少了核算的中间环节，有利于企业财务科及时全面掌握企业会计核算的总体情况，提高工作效率，如果企业会计实行电算化，还是以集中核算为宜。

2. 分散核算

分散核算也叫非集中核算，是指企业各职能部门、生产车间对自身发生的各项经济业务进行比较全面的会计核算。如工业企业在生产车间设置“生产成本明细账”，由车间负责登记本车间发生的成本费用，并计算出本车间完工产品的车间生产成本。

非集中核算有利于提高各职能部门、生产车间的成本意识，财务管理意识，各职能部门和生产部门可以及时利用会计核算提供的信息加强内部管理。

采用哪一种会计工作组织形式，由企业根据具体情况自行决定，国家没有统一的规定。

三、会计人员职业道德

就我国国家来说，会计法律、法规、规章相对比较健全的，能不能在企业中得到不折不扣的执行，一看领导，二看会计。所以作为一个会计人员首先要坚守会计法律、法规、规章的底线，其次是要不断提高自身的道德修养。

会计人员的职业道德共 8 条，32 个字，分别是爱岗敬业、诚实守信、廉洁自律、客观公正、坚持准则、提高技能、参与管理、强化服务。

(1)每一位会计工作者都应当热爱会计工作岗位，敬重会计职业。爱岗敬业是会计职业道德规范的基础，也是会计工作者获得事业成功的前提条件。

(2)诚实守信是做人的基本准则，也是会计职业道德的精髓。中国现代会计之父潘序伦先生(见图 10-3)终身倡导的：“信以立志，信以守身，信以处世，信以待人，毋忘立信，当必有成”。作为现代会计人理应传承潘序伦先生之精神，诚实守信。

图 10-3　潘序伦先生

(3)廉洁自律是会计职业道德的内在要求，会计人员应当公私分明，不贪不占。廉洁自律的会计人员才有公信力，才能有效行使会计监督职能，维护国家和社会利益。

(4)客观公正是会计职业道德所追求的理想目标，其中客观是公正的基础，公正是客观的反映，要做到客观公正，会计人员就必须坚持准则，实事求是。

(5)坚持准则是会计职业道德的核心。这里的准则是广义的，包括会计法律、会计行政法规、会计部门规章以及与会计工作相关的法律制度。在会计核算与监督中，会计人员要坚持准则，发扬伟大的斗争精神，同一切违反准则的行为作斗争，以维护国家利益、社会公众利益和社会经济秩序。

(6)提高技能是会计工作者的义务，也是在职业活动中坚持准则的前提。会计是一门专业性和技术性很强的工作，会计人员只有不断地提高专业技能，才能保持持续的专业胜任能力。

(7)参与管理是指会计人员利用会计信息，间接参与企业的管理活动。随着会计核算方法与技术的程序化，会计核算工作的信息化，会计的核算职能必将逐渐弱化，而会计的管理职能会越来越受到企业的重视。

(8)强化服务的结果必然是奉献社会，可以说强化服务、奉献社会是会计职业道德的归宿。作为会计工作者只有在服务企业、服务国家、服务社会的过程中才能实现自身的价值。

任务完成

通过学习，学生基本了解了会计机构和人员配备的3种情形，会计工作组织的2种形式和会计人员职业道德的8个方面。

学生通过上网查资料和思考后学生发现，企业不但要设置会计机构，配备会计人员，还应按“内部牵制”原则做好会计机构的内部分工，例如，出纳人员不得兼任现金日记账、银行存款日记账之外其他账簿的登记工作；银行存款余额调节表不能由经手银行存款的出纳人员担任等。总而言之，会计核算的每一个环节都必须坚持“内部牵制”的原则，才能有效防范伪造账目等不法行为的产生。

熟记会计人员职业道德，有不少学生发现会计人员职业道德的许多内容也是社会主义核心价值观的组成部分，其中几位学生还将两者作了对比，现列示如下：

会计职业道德	社会主义核心价值观
爱岗敬业	敬业
诚实守信	诚信
客观公正	公正
坚持准则	法治